Meine Vollmachten für den Notfall

1. Auflage Juni 2023
2. Auflage August 2023
3. Auflage Januar 2025

Umschlaggestaltung: Nicole Lechner
Konzeption, Satz und Layout: opus verum, München

ISBN: 978-3-86445-943-6

Bildnachweis:
© shutterstock.com: Stock-Asso (39); marvent (54); Wasaphol Premprim (57)

Gerne senden wir Ihnen unser Verlagsverzeichnis.
Kopp Verlag
Bertha-Benz-Straße 10
D-72108 Rottenburg
E-Mail: info@kopp-verlag.de
Tel.: (0 74 72) 98 06-10
Fax: (0 74 72) 98 06-11

Unser Buchprogramm finden Sie auch im Internet unter:
www.kopp-verlag.de

Markus König

Meine Vollmachten für den Notfall

Vorsorge-vollmacht

Bank-vollmacht

Die wichtigsten Vorsorgedokumente mit Musterformularen und Vorlagen zum Heraustrennen

General-vollmacht

Patienten-verfügung

Betreuungs-verfügung

KOPP VERLAG

Inhalt

Vollmachten, Verfügungen und Vorsorge

Wer gesund ist und in der Mitte des Lebens steht, denkt nicht daran, dass dieses selbstbestimmte Leben zerbrechlich ist und wir aus heiterem Himmel vielleicht auf die Hilfe unserer Mitmenschen angewiesen sind. Dann aber kann es eines Tages wichtig sein, sich mit all den Fragen rund um eine Vorsorge beschäftigt und sich bereits einen kleinen Überblick verschafft zu haben, um entsprechende und individuell passende Entscheidungen zu treffen. Denn jedes Leben und jede Lebenssituation ist anders.

Grundsätzlich ist es so: Wenn wir selbst nicht mehr in der Lage sind, die Entscheidungen für unser Leben zu treffen, sei es aufgrund eines Unfalls oder einer Krankheit, dann müssen wir dafür die rechtliche Vorsorge getroffen haben. Sonst entscheiden andere für uns.

Ohne entsprechende Vorsorgeverfügungen und ohne einen Bevollmächtigten droht bei einer Geschäftsunfähigkeit eine amtliche Betreuung. In diesem Fall bestimmt dann unter Umständen ein Betreuungsgericht einen berufsmäßigen Betreuer, und selbst wenn ein Angehöriger diese Aufgabe übernimmt und vom Gericht bestätigt wird, steht er unter Aufsicht des Betreuungsgerichts.

Wollen Sie eine amtliche Betreuung vermeiden, brauchen Sie Vorsorgeverfügungen. Am wichtigsten und unverzichtbar ist die Vorsorgevollmacht. Und das ist keine Frage des Alters. Nur Kinder werden rechtlich bis zur Volljährigkeit von ihren Eltern vertreten. Jenseits des 18. Lebensjahres können bei einem Verlust der Fähigkeit zu einer eigenen Entscheidung nicht einmal Ehepartner oder nahe Angehörige über Regelungen zum Vermögen, den Aufenthaltsort oder zu medizinischen Behandlungen entscheiden. Eine kleine Ausnahme gibt es für Ehepartner, nicht aber für volljährige Kinder. Für eine Frist von 6 Monaten haben Ehepartner bei einer Geschäftsunfähigkeit des Ehepartners ein auf medizinische Angelegenheiten beschränktes Notfallvertretungsrecht. Dieses läuft aber nach 6 Monaten aus. Dauert die Geschäftsunfähigkeit an, wird vom Gericht ein Betreuer bestellt. Lebenspartner ohne gesetzlich eingetragene Lebenspartnerschaft oder getrennt lebende Ehepartner haben kein Bestimmungsrecht und eine rechtlich unsichere Position, denn es ist nicht klar, ob sie ein Betreuungsgericht trotzdem als Betreuer einsetzt.

Wer also bei einer Geschäftsunfähigkeit sichergehen will, dass seine Wünsche und Vorstellungen zum Tragen kommen und berücksichtigt werden, braucht einen Bevollmächtigten und eine Vorsorgevollmacht.

Mit einer Betreuungsverfügung können weitere Bevollmächtigte benannt werden, die vom Betreuungsgericht berücksichtigt, aber auch kontrolliert werden. Mit einer Patientenverfügung kann in gesunden Tagen die gewünschte medizinische Behandlung, insbesondere in lebensbedrohlichen Situationen, im Sterbeprozess oder im Falle einer Demenz, skizziert und rechtlich bindend festgelegt werden.

Die Angehörigen und die Ärzte können den Behandlungsrahmen abstimmen und wissen, dass dieser so Ihren Wünschen entspricht, auch wenn Sie Ihren eigenen Willen nicht mehr kommunizieren können.

Das Leben hält oft Überraschungen bereit. Mit den entsprechenden Vorsorgeverfügungen bewahrt man die Verantwortung für sein Leben – auch in schwierigen Zeiten.

Welche Vollmacht oder Verfügung brauche ich?

Die Vorsorgevollmacht

Mit dieser Vollmacht vermeiden Sie, dass im Falle einer aus welchem Grund auch immer eingetretenen Geschäftsunfähigkeit eine amtliche Betreuung eingesetzt wird.

Das Betreuungsgericht prüft dabei nicht, ob die Vertretung und die Situation gerechtfertigt sind. Das ist der Grund, warum eine Vollmachterteilung ein besonderes Vertrauensverhältnis voraussetzt.

Sie bestellen in guten und gesunden Tagen, wer stellvertretend für Sie entscheiden soll, falls Sie dazu nicht mehr in der Lage sind. Sie erteilen mit Ihrer Unterschrift separat oder im Ganzen eine Vollmacht für Gesundheitsangelegenheiten, Ihre finanziellen Belange, Post, elektronische Medien oder Telefon sowie den Umgang mit Gerichten, Behörden, Geschäftskontakten, Versicherungen oder für die Wahl Ihres Aufenthaltsorts. Zusammengefasst sind das in der Summe alle Situationen und Aufgaben, die das Leben so stellt.

Denn ohne Vollmacht haben weder Eltern für Ihre volljährigen Kinder noch Kinder für Ihre Eltern automatisch ein Bestimmungsrecht. Selbst Eheleute können sich im Notfall nicht vertreten und Lebenspartner oder enge Freunde überhaupt nicht. Ausnahme: Begrenzt auf 6 Monate können sich Eheleute und eingetragene Partnerschaften, falls sie nicht getrennt leben und die Partnerschaft nicht zerrüttet ist, ausschließlich in Gesundheitsangelegenheiten vertreten.

Schon diese kurz beleuchteten Fakten machen deutlich, dass eine Vorsorgevollmacht mit Bedacht zu behandeln, aber für jeden unverzichtbar ist. Immer vorausgesetzt, dass dazu der Bevollmächtigte zur Verfügung stehen muss. Ohne Vollmacht und ohne Bevollmächtigten bestellt das Betreuungsgericht einen amtlichen Betreuer, der aus Ihrer engeren vertrauten Umgebung kommen kann, aber nicht muss. Und Geld kostet dieses Verfahren auch.

Die Betreuungsverfügung

Falls in einem Notfall kein Bevollmächtigter zur Verfügung steht, bestellt das Betreuungsgericht einen Betreuer. Mit einer Betreuungsverfügung erklären Sie dem Betreuungsgericht gegenüber, wer im Falle einer Geschäftsunfähigkeit Ihr Betreuer und Bevollmächtigter für alle Belange des Lebens sein soll.

Sie greifen also einer Entscheidung des Gerichtes vor, indem Sie bereits im Vorfeld festlegen, wer Ihr Vertrauen genießt, wer diese Aufgabe übernehmen könnte, oder auch, wen Sie als Vertreter ausschließen wollen. Das Betreuungsgericht wird Ihren Vorschlag prüfen und, wenn keine schwerwiegenden Gründe dagegensprechen, Ihrem Vorschlag für einen Betreuer folgen. Anders als beim Bevollmächtigten, der über eine Vorsorgevollmacht befugt wird, bleibt der Betreuer unter gerichtlicher Kontrolle, muss regelmäßig einen Bericht abgeben und all seine finanziellen Aktionen begründen. Ein Betreuer hat Anspruch auf eine Bezahlung.

Die Patientenverfügung

Wenn Sie sich im Falle einer Krankheit oder eines Unfalls nicht mehr äußern und Ihren Willen kundtun können, hat dies meist schwerwiegende Gründe.

So beziehen sich die Wünsche in einer Patientenverfügung im Wesentlichen auf eine palliative Sterbebegleitung oder eine unmittelbar lebensbedrohliche Situation. Gibt es gute Chancen, Sie wieder ins Leben zurückzuholen, und die Möglichkeit auf ein lebenswertes Weiterleben, so werden Ärzte dies auch veranlassen.

Aber wie sollen die letzten Tage bei einer unheilbaren Krankheit aussehen? Welche Entscheidungen sind richtig, wenn Sie im Koma liegen, die Hoffnung auf ein Erwachen gleich null ist und die Körperfunktionen nur noch durch Maschinen erhalten werden? Wann ist der Augenblick gekommen, wo das Weiterleben beendet werden soll? Was ist menschenwürdig, und welche Behandlungen sind angemessen? Wie soll das Sterben begleitet werden?

In der Patientenverfügung wird ein Bevollmächtigter benannt, der mit den Ärzten die gewünschten Maßnahmen vereinbart. Die persönliche Erklärung zu einzelnen Behandlungsmöglichkeiten und auch die Erklärung zu den persönlichen Lebenswerten erleichtert es Ärzten und Angehörigen, in diesen schwierigen Situationen das in Ihrem Sinne Richtige zu tun.

In der Vorsorgevollmacht wird all dies durch die Benennung eines Bevollmächtigten in Gesundheitsangelegenheiten bereits vorbereitet. Eine Patientenverfügung ist dann nicht unbedingt nötigt, nimmt aber durch die klare Auslegung viele Gewissensfragen ab. Gibt es keine Vorsorgevollmacht, ist eine Patientenverfügung unbedingt empfehlenswert.

Welche Vorsorge brauche ich in unterschiedlichen Lebenssituationen?

Paare ohne Trauschein

Mit einer **Vorsorgevollmacht** können Sie auch ohne Trauschein oder eingetragene Lebenspartnerschaft Verantwortung für den anderen übernehmen. Ist der Lebenspartner krank, würden Sie rechtlich gesehen nicht einmal Auskünfte vom behandelnden Arzt bekommen. Eine Vorsorgevollmacht ist absolut notwendig.

Eine **Betreuungsverfügung** ist in diesem Fall nicht mehr unbedingt nötig, schadet aber nicht, falls der Bevollmächtigte nicht oder nicht mehr zur Verfügung stehen sollte.

Mit einer **Patientenverfügung** entlasten Sie Ihren Bevollmächtigten, schwierige Entscheidungen allein zu fällen. Arzt und Bevollmächtigter können sich an Ihren Wünschen orientieren und leichter die richtigen Entscheidungen treffen. Eine Patientenverfügung ist daher ratsam.

Verheiratet oder Zusammenleben in einer eingetragenen Lebenspartnerschaft

Ohne **Vorsorgevollmacht** haben Sie kein Vertretungsrecht für den Ehepartner. Ausnahme ist eine Notfallvertretung in Gesundheitsangelegenheiten beschränkt auf 6 Monate. Dann müsste das Betreuungsgericht bestimmen, ob Sie als Betreuer eingesetzt werden. Eine Vorsorgevollmacht ist absolut notwendig.

Eine **Betreuungsverfügung** ist dann nicht mehr unbedingt nötig, schadet aber nicht.

Mit einer **Patientenverfügung** entlasten Sie Ihren Bevollmächtigten, schwierige Entscheidungen allein zu treffen. Sie können so über die medizinischen Maßnahmen mitbestimmen und Ihre Wünsche formulieren. Eine Patientenverfügung ist ratsam.

Alleinstehend mit einer Vertrauensperson

Eine **Vorsorgevollmacht** berechtigt Geschwister oder Bekannte, für Ihr Wohl zu sorgen. Ist der Bevollmächtigte bereits älter, sollte ein Ersatz benannt werden, für den Fall, dass diese Person ausfällt. Voraussetzung ist, dass Sie der Person vertrauen. Eine Vorsorgevollmacht ist absolut empfehlenswert.

Eine **Betreuungsverfügung** ist dann nicht mehr unbedingt nötig, schadet aber nicht.

Mit einer **Patientenverfügung** entlasten Sie Ihren Bevollmächtigten, schwierige Entscheidungen allein zu treffen. Sprechen Sie mit Ihrem Vertrauten über Ihre Werte im Leben. Eine Patientenverfügung ist absolut ratsam.

Alleinstehend ohne Vertrauensperson

Eine **Vorsorgevollmacht** ist ohne Vertrauensperson und Bevollmächtigten nicht möglich. Aber niemand ist wirklich völlig allein. Denken Sie noch einmal in Ruhe nach. Oft kommt ein Verwandter, ein guter Freund oder die beste Freundin als Vertrauensperson infrage.

Eine **Betreuungsverfügung** kann in diesem Fall ein Ausweg sein. Ein Betreuer wird vom Gericht überprüft und kann sich auch mit dem Richter beraten. Es muss in diesem Fall keine wirklich nahestehende Person sein. Vielleicht gibt es ja ein Patenkind, entferntere Verwandte oder einen guten Freund oder eine Freundin? Ohne Vorsorgevollmacht ist eine Betreuungsverfügung absolut notwendig.

Mit einer **Patientenverfügung** entlasten Sie Ihren Betreuer, schwierige Entscheidungen allein zu treffen, und können Ihre Wünsche für eine medizinische Behandlung im Notfall klarstellen. Eine Patientenverfügung ist absolut notwendig.

Tipp

Wann besteht weiterer Handlungsbedarf?

Falls die gesetzliche Erbfolge, die neben dem Ehepartner nur Blutsverwandte berücksichtigt, für Sie nicht passt, weil Sie beispielsweise ohne Trauschein zusammenleben, sollten Sie rechtzeitig Ihr Testament verfassen – und das lieber heute als morgen.

Falls Sie minderjährige Kinder haben, kann es nicht schaden, eine Sorgerechtsverfügung aufzusetzen und darin festzulegen, wer im Notfall, wenn Sie nicht mehr dazu in der Lage sind, das Sorgerecht ausüben sollte. Diese Verfügung kann formlos sein, muss jedoch, wie ein Testament, handschriftlich verfasst werden. Darin werden eine oder mehrere Personen benannt, die für die Kinder sorgen sollen, aber auch die Personen, die nicht in Frage kommen und abgelehnt werden.

Dies betrifft nicht nur Alleinerziehende, auch verheiratete Paare können so vorsorgen. Solange nicht beide ausfallen, übernimmt jeweils automatisch das verbleibende Elternteil das Sorgerecht.

Fragen, denen sich jeder stellen muss

Wie sieht Ihre Lebenssituation aus?
Sind Sie verheiratet oder geschieden, haben Sie Kinder? Ist Ihr finanzieller Rahmen noch unsicher, müssen Sie noch Kredite abbezahlen?

Neigt sich Ihre Lebenszeit eher dem Ende zu?
Die Jahre vergehen, das ist nicht aufzuhalten. Sind Sie vollständig gesund, haben Sie ein paar gesundheitliche Baustellen, oder fängt die Lebensuhr bereits zu ticken an?

Sie haben eine harmonische Familie, einen Ehepartner und Kinder, auf die Sie stolz sind?
Das macht vieles leichter. Damit sind entscheidende Punkte zur Vorsorge abgedeckt. Haben Sie eine verlässliche Verwandtschaft und Freunde, mit denen Sie Notzeiten überstanden haben? Begegnungen sind ein wichtiger Aspekt für ein glückliches Leben. Vielleicht gibt es alte Freunde, und diese gewachsene Verbundenheit lässt sich neu aktivieren?

Schwierig wird es, wenn Sie wirklich allein sind.
Aber auch auf einer sachlichen Ebene lässt sich ein verlässliches Miteinander gestalten. Vielleicht kommt ja Ihr Arzt, der Anwalt oder ein Nachbar infrage. Überlegen Sie mal!

Lebensumstände, die Ihnen das Leben schwer machen, lassen sich oft ändern.
Wer sich immer wieder ärgert, sollte einfach versuchen, die Dinge anders zu regeln. Vielleicht ist das ja möglich.

... noch mehr Fragen

Die Situation, dass Sie sich aufgrund einer Erkrankung oder eines Unfalls nicht mehr selbst um Ihre Angelegenheiten kümmern können, kann völlig überraschend und plötzlich eintreten. Daher ist es ratsam, sich in gesunden Zeiten all die Fragen zu stellen, die in einer solchen Situation relevant werden können.

- Wer soll im Notfall zuerst benachrichtigt werden?
- Wer kümmert sich um einen Termin beim Arzt?
- Wer soll eine Bankvollmacht bekommen?
- Wer kümmert sich um mein Haustier, den Hund oder die Katze?
- Wer kümmert sich um mein Haus, meine Wohnung, mein Vermögen oder meine geschäftlichen Belange?
- Muss ich mich nach einer mobilitätsgerechten Wohnung ohne Treppen umsehen?
- Wer übernimmt bei einer Mietwohnung die Kündigung und die Renovierungsarbeiten?
- Brauche ich einen Platz im Seniorenheim, oder genügt ein guter Pflegedienst?
- Wer kümmert sich um die Beantragung einer Pflegestufe, falls dies notwendig wird?
- Wer kommuniziert an meiner statt mit dem Sozialgericht, der Kranken- und Pflegeversicherung?

Weitere wichtige Fakten

Wer rechtzeitig vorsorgt und sich einen Plan macht, der wird nicht überrascht, wenn es plötzlich eintrifft.

- Sammeln Sie alle wichtigen Fakten, und bilden Sie sich Ihre Meinung zum richtigen Bevollmächtigten, zur Patientenverfügung und alle weiteren für Sie wichtigen Belange.

- Was ist, wenn Sie nicht mehr sind? Was ist Ihnen wichtig? Und wer soll welche Teile des Nachlasses bekommen und weiterführen?

- Ein Bevollmächtigter ist gut, zwei sind besser. Sprechen Sie mit den Menschen, die infrage kommen. Je älter Sie werden, desto mehr geliebte Menschen werden Ihnen vorausgehen. Behalten Sie ein Leben lang die Fähigkeit, auf Menschen zuzugehen und neue Freundschaften zu schließen. Bleiben Sie in Kontakt.

- Ein Bevollmächtigter muss Sie gut kennen und wissen, was Sie sich von ihm wünschen. Sprechen Sie mit ihm, und treffen Sie ihn regelmäßig. Nicht immer stehen der vertraute Lebenspartner und erwachsene Kinder zur Verfügung. Allerdings sollten Sie auch vermeiden, Ihren Bevollmächtigten zu überfordern.

Die eigene Person

Name, Vorname: ....

Geburtsname: ....

Geburtsdatum: ....

Geburtsort, Geburtsland: ....

Religionszugehörigkeit: ....

Staatsangehörigkeit/en: ....

Familienstand: ....

Hauptwohnsitz, Anschrift

Straße: ....

PLZ, Ort: ....

Telefon: ....

Telefon (dienstlich): ....

Mobilfunknummer: ....

E-Mail-Adresse/n: ....

Weiterer Wohnsitz, Anschrift

Straße: ....

PLZ, Ort: ....

Telefon: ....

Vollmachten und Verfügungen

Ich habe ein/e/n	Ablageort	Amtliche Verwahrung
○ Vorsorgevollmacht	....	....
○ Betreuungsverfügung	....	....
○ Patientenverfügung	....	....
○ Testament	....	....
○ Organspendeausweis	....	....

Mein Bevollmächtigter

Name, Vorname: ....

Geburtsdatum, Geburtsort: ....

Straße: ....

PLZ, Ort: ....

Telefon: ....

E-Mail-Adresse: ....

Mein Bevollmächtigter für Gesundheitsangelegenheiten

Name, Vorname: ....

Geburtsdatum, Geburtsort: ....

Straße: ....

PLZ, Ort: ....

Telefon: ....

E-Mail-Adresse: ....

Mein Ersatzbevollmächtigter

Name, Vorname: ....

Geburtsdatum, Geburtsort: ....

Straße: ....

PLZ, Ort: ....

Telefon: ....

E-Mail-Adresse: ....

Mein Bankbevollmächtigter

Eine Bankvollmacht für mein laufendes Konto

IBAN: ....

BIC: ....

bei der .... hat

Name, Vorname: ....

Geburtsdatum, Geburtsort: ....

Straße: ....

PLZ, Ort: ....

Telefon: ....

E-Mail-Adresse: ....

Mein Bevollmächtigter für digitale Angelegenheiten

Zugang zu meinem Computer und Mobiltelefon hat

Name, Vorname: ....

Geburtsdatum, Geburtsort: ....

Straße: ....

PLZ, Ort: ....

Telefon: ....

E-Mail-Adresse: ....

Personen, die im Notfall informiert werden sollen

Name, Vorname: ....

Geburtsdatum, Geburtsort: ....

Straße: ....

PLZ, Ort: ....

Telefon: ....

E-Mail-Adresse: ....

Name, Vorname: ....

Geburtsdatum, Geburtsort: ....

Straße: ....

PLZ, Ort: ....

Telefon: ....

E-Mail-Adresse: ....

Name, Vorname: ....

Geburtsdatum, Geburtsort: ....

Straße: ....

PLZ, Ort: ....

Telefon: ....

E-Mail-Adresse: ....

Wichtiges über meinen Gesundheitszustand

....

....

....

....

(Lebensbedrohliche Situationen, Krankheiten, Anfallsleiden, MS, Allergien, Herzschrittmacher etc.)

Lebenswichtige Medikation

....

....

....

....

(Blutverdünner, Insulin, Schilddrüsenhormone etc.)

Wichtige Kontaktdaten

Hausarzt: ....

....

Fachärzte: ....

....

....

Krankenhaus: ....

Apotheke: ....

Rechtsanwalt: ....

Notar: ....

Steuerberater: ....

Versicherungsmakler: ....

Bankberater: ....

Arbeitgeber/Auftraggeber: ....

....

Weitere Adressen: ....

....

....

....

Ausweisdokumente

Alle Ausweise werden von den ausstellenden Behörden und Ämtern verwaltet und können dort bei Verlust wiederbeschafft werden. Das ist mit Aufwand verbunden. Eine Kopie schenkt daher Sicherheit. Auf Reisen kann eine digitale Kopie (Foto) in einem Cloud-Speicher oder direkt auf Ihrem Mobiltelefon von Vorteil sein. Man kann vorzeigen, was verloren gegangen ist und worum es geht.

Dokument	Nummer/ausstellende Behörde	Aufbewahrungsort/PIN hinterlegt
Personalausweis	....	....
Reisepass	....	....
Führerschein	....	....
....	....	....
....	....	....

Urkunden

Besondere Bedeutung hat die Geburtsurkunde als Nachweis für die Identität einer Person. Sie wird vom Standesbeamten des Geburtsorts ausgestellt. Dort kann eine beglaubigte Kopie angefordert werden.

Dokument	Aufbewahrungsort	
Familienstammbuch	....	....
Geburtsurkunde	....	....
Heiratsurkunde	....	....
....	....	....
....	....	....

Bankkarten

Bei Verlust und Diebstahl der Bank- oder Kreditkarten ist eine schnelle Sperrung wichtig. Hier die Notrufnummern für diesen Fall, die 24/7 erreichbar sind:

Sperr-Notruf für Kreditkarten, Sparkarten und Maestro Card (Deutschland): +49 116 116
Sperr-Notruf für Kreditkarten, Sparkarten, Maestro Card (Ausland): +49 116 116 oder +49 30 4050 4050
Zentraler Sperr-Annahmeservice für EC-Karten: +49 1805 021 021

	Kredit- und Bankkarte	Foto Mobiltelefon (Datum)
IBAN	....	....
IBAN	....	....
IBAN	....	....
IBAN	....	....

Steuernummern

Steueridentifikationsnummer: ....

Steuernummer(n): ....

Finanzamt: ....

Sozialversicherungen/Hilfe im Alltag

Sozialversicherungsnummer: ....

Rentenversicherung: ....

Krankenversichert bei/Versicherungsnummer: ....

....

Krankenversicherungskarte: ....

Pflegeversicherung: ....

Partner oder Partnerin

Name, Vorname, Geburtsname: ....

Straße: ....

PLZ, Ort: ....

Telefon, Mobilfunknummer: ....

E-Mail-Adresse/n: ....

Ich bin zum (Datum): ....

O verheiratet O geschieden O in einer freien, nicht ehelichen Partnerschaft

Name, Vorname, Geburtsname: ....

Straße: ....

PLZ, Ort: ....

Telefon, Mobilfunknummer: ....

E-Mail-Adresse/n: ....

Ich bin zum (Datum): ....

O verheiratet O geschieden O in einer freien, nicht ehelichen Partnerschaft

Kinder

Name, Vorname: ....

Geburtsdatum, Geburtsort: ....

E-Mail-Adresse/n, Telefon: ....

Anschrift: ....

Das Kind ist O leiblich/adoptiert O Pflegekind O Kind meines/r Partners/Partnerin

Das Kind ist minderjährig O

Sorgerecht: O gemeinsam O allein O liegt bei: ....

Name, Vorname: ....

Geburtsdatum, Geburtsort: ....

E-Mail-Adresse/n, Telefon: ....

Anschrift: ....

Das Kind ist O leiblich/adoptiert O Pflegekind O Kind meines/r Partners/Partnerin

Das Kind ist minderjährig O

Sorgerecht: O gemeinsam O allein O liegt bei: ....

Name, Vorname: ....

Geburtsdatum, Geburtsort: ....

E-Mail-Adresse/n, Telefon: ....

Anschrift: ....

Das Kind ist O leiblich/adoptiert O Pflegekind O Kind meines/r Partners/Partnerin

Das Kind ist minderjährig O

Sorgerecht: O gemeinsam O allein O liegt bei: ....

Name, Vorname: ....

Geburtsdatum, Geburtsort: ....

E-Mail-Adresse/n, Telefon: ....

Anschrift: ....

Das Kind ist O leiblich/adoptiert O Pflegekind O Kind meines/r Partners/Partnerin

Das Kind ist minderjährig O

Sorgerecht: O gemeinsam O allein O liegt bei: ....

Angehörige, Eltern, Geschwister

Name, Vorname: ....

Verwandtschaftsverhältnis: ....

Anschrift: ....

E-Mail-Adresse, Telefon: ....

Name, Vorname: ....

Verwandtschaftsverhältnis: ....

Anschrift: ....

E-Mail-Adresse, Telefon: ....

Name, Vorname: ....

Verwandtschaftsverhältnis: ....

Anschrift: ....

E-Mail-Adresse, Telefon: ....

Name, Vorname: ....

Verwandtschaftsverhältnis: ....

Anschrift: ....

E-Mail-Adresse, Telefon: ....

Nahestehende Freunde und Vertraute

Name, Vorname: ....

Anschrift: ....

E-Mail-Adresse, Telefon: ....

Name, Vorname: ....

Anschrift: ....

E-Mail-Adresse, Telefon: ....

Name, Vorname: ....

Anschrift: ....

E-Mail-Adresse, Telefon: ....

Name, Vorname: ....

Anschrift: ....

E-Mail-Adresse, Telefon: ....

Wohnsituation

Mietwohnung, Anschrift: ....

Ich bin als ○ Alleinmieter ○ zusammen mit meinem Partner eingetragen.

Mietvertrag vom, Verwahrungsort: ....

Vermieter: ....

Anschrift: ....

Telefon, Mobilfunknummer: ....

E-Mail-Adresse: ....

Zweitschlüssel hinterlegt bei: ....

....

Eigene Wohnimmobilie, Anschrift: ....

Als Eigentümer im Grundbuch eingetragen: ....

Grundbucheintrag von/Blatt: ....

Hypothekenkredit bei: ....

....

Zweitschlüssel hinterlegt bei: ....

....

Zweiter Wohnsitz, Ferienimmobilie, Anschrift: ....

Weitere Informationen dazu: ....

....

Weitere Verbindlichkeiten des täglichen Lebens

	Datum	Laufzeit	Vertragsnummer	Kontakt
Mitgliedschaften, Vereine				
Service- und Besorgungsverträge				
Heizung				
Kaminkehrer				
Grabpflege				
Reinigung				
Laufende Nebenkosten				
Strom				
Gas				
Wasser				
Abwasser				
Abfall				

Medien, Abos				
GEZ				
Pay-TV-Vertrag				
Amazon Prime				
Tageszeitung				
Netflix				

Ablageort der Unterlagen: ....

Vermögensübersicht

Girokonto 1 O Filial-Kto. O Online-Kto. ....

IBAN: .... BIC: ....

EC-Karte: .... Kreditkarte: ....

Hinweis für Zugangsdaten: ....

Bankvollmacht erteilt an: ....

Girokonto 2 O Filial-Kto. O Online-Kto. ....

IBAN: .... BIC: ....

EC-Karte: .... Kreditkarte: ....

Hinweis für Zugangsdaten: ....

Bankvollmacht erteilt an: ....

Girokonto 3 O Filial-Kto. O Online-Kto. ....

IBAN: .... BIC: ....

EC-Karte: .... Kreditkarte: ....

Hinweis für Zugangsdaten: ....

Bankvollmacht erteilt an: ....

Geldanlage

Institut	Bezeichnung (Festgeldkonto, Wertpapierdepot, Sparbuch etc.)	Kontonummer/Anlagenummer Hinweis für Zugangsdaten

Kapital-, Renten-, Haftpflicht-, Lebensversicherung

Institut	Bezeichnung	Kontonummer/Anlagenummer Hinweis für Zugangsdaten

Immobilien und Grundstücke

Pacht- und Mietverträge

Bankschließfach

Sonstige Werte und Wertgegenstände

Digitale Identität

Haben Sie schon einmal überlegt, wie viele Zugänge zu sozialen Netzwerken, Verträgen, Konten und Geschäftsverbindungen online abgewickelt werden? Ganz zu schweigen vom Finanzamt, von Bestellungen im Internet und im Onlinereisebüro? Und vielleicht betreiben Sie ja sogar selbst eine Website oder einen Shop völlig digital über Ihren Computer und das Mobiltelefon?

In diesem Zusammenhang leben Sie mit unzähligen Benutzernamen, Zahlencodes und Passwörtern. Und auch die Geräte selbst, also PC, Tablet oder Handy, haben wiederum Benutzernamen, Kennwörter und Zahlencodes, ohne die sie sich nicht öffnen lassen. Die Kommunikation über E-Mail, Messengerdienste und Chats hat auch wieder je einen Account mit Benutzernamen und Kennwort – möglichst keine gleichen, damit Hacker kein leichtes Spiel haben. Und mit Ihrem digitalen Personalausweis und der dazugehörigen selbst gewählten PIN können Sie Verträge abschließen und sich ausweisen.

Onlinebankgeschäfte und auch andere Bezahlgeschäfte bei Dienstleistern wie PayPal funktionieren nur mit einer sogenannten Zwei-Faktor-Authentifizierung entweder über SMS und Smart-Tan-Verfahren oder einer speziellen Secure-App auf dem Mobiltelefon.

Auch wenn Ihr Bevollmächtigter und Ihre Vertrauten eine Vollmacht haben, müssen diese doch auch ganz praktischen Zugang zu allen Onlineverträgen, Konten, Accounts, Ihrem digitalen Schriftverkehr und Vereinbarungen haben. Wie kann sich Ihr Bevollmächtigter einen Überblick verschaffen, um entsprechend zu handeln?

Kennwörter und Zwei-Faktor-Authentifizierung

Sehr sichere Kennwörter sind meist lang, schwer zu erraten und schlecht zu merken. So sollte es auch sein. Man kann diese aufschreiben, denn Papier funktioniert in jeder Lebenslage. Hinterlegen Sie diese Listen an einem Ort, den nur Sie und Ihre Vertrauten kennen.

Eine weitere gute Lösung ist ein Passwortmanager, der sich alle Kennwörter merkt und mit der Eingabe eines Masterkennworts alle Kennwörter an der richtigen Stelle im jeweiligen Account oder Programm einsetzt. So brauchen Sie sich nur das Zugangskennwort für den Computer und das Masterkennwort für Ihren Passwortmanager zu merken und Ihrem Vertrauten mitzuteilen. Für die Zwei-Faktor-Authentifizierung ist zusätzlich der Geräte- und SIM-Kartencode nötig.

All dies sind äußerst sensible Daten, die man nicht aus der Hand geben sollte. Offen herumliegen, sodass jeder Einbrecher darüber stolpert, dürfen sie allerdings auch nicht. Ein Bevollmächtigter kann die digitalen Verpflichtungen aber nur erledigen, wenn er Zugang zu Ihrer digitalen Identität hat. Wie bereits mehrfach erwähnt, muss diese Person absolut vertrauenswürdig sein. Auf einer Festplatte und im Netz finden sich persönliche und intime Daten, die nicht jeden etwas angehen.

Wer Zugang zu den Daten hat, braucht sich nicht mehr an den Provider zu wenden. Zusammen mit der Vorsorgevollmacht ist er vertretungsberechtigt. Ohne eine Vollmacht, die dieses Handeln rechtlich absichert, ist die Nutzung der Zugangsdaten juristisch fragwürdig.

Verantwortlich und Rechenschaft schuldig ist der Vertraute und Bevollmächtigte gegenüber dem Vollmachtgeber und im Falle seines Todes gegenüber den Erben.

Die Vorsorgevollmacht

Es geschieht jeden Tag tausendfach, dass Menschen in eine Lage kommen, in der sie nicht mehr selbst für sich entscheiden können.

Für diesen Fall ist es gut, wenn wir vorsorgen, eine Vorsorgevollmacht ausfüllen und eine uns nahestehende Person als Bevollmächtigten einsetzen. Oft kann das ja auf Gegenseitigkeit geschehen, wie bei Eheleuten.

Tatsächlich ist es gut, mehr als eine Originalvollmacht auszufüllen und zu unterschreiben oder eine beglaubigte Kopie anzufertigen. Denn es kommt vor, dass bei Behörden die Vollmacht im Original hinterlegt werden muss.

Warum jeder ab 18 Jahren eine Vorsorgevollmacht braucht

- Ob Unfall, Krankheit oder Alterseinschränkung, die Chance, dass wir entscheidungsunfähig werden, ist nicht gering.
- Freunde und Angehörige werden uns beistehen. Aber für rechtsverbindliche Erklärungen und Entscheidungen ist eine Vollmacht nötig.
- Selbst Eheleute sind genauso wie Eltern für ihre volljährigen Kinder oder erwachsene Kinder für ihre Eltern nicht automatisch vertretungsfähig.
- Soll eine gerichtliche Betreuung durch einen bestellten Betreuer vermieden werden, ist eine Vorsorgevollmacht Voraussetzung.
- Mit dieser Vollmacht bevollmächtigen Sie Ihren Vertrauten, mit den Ärzten über Ihre Behandlungsmöglichkeiten zu sprechen und gegenüber Behörden und Versicherungen rechtsgültige Erklärungen abzugeben.

Fragen zur Vorsorgevollmacht

Gültigkeit der Vollmacht

Mit Datum und Ihrer Unterschrift ist die Vollmacht tatsächlich sofort gültig! Legt der Bevollmächtigte die Vollmacht vor, kann er im Namen des Vollmachtgebers handeln.

So eine Vollmacht sollte man also nicht leichtfertig vergeben, und der Bevollmächtigte muss absolut vertrauenswürdig sein. Sinnvoll ist es, die Vorsorgevollmacht nicht ohne Not sofort auszuhändigen und zunächst im eigenen Vorsorgeordner zu belassen.

Einschränkungen auf der Vorsorgevollmacht wie »nur gültig bei Geschäftsunfähigkeit des Vollmachtgebers« würden die Handlungsfähigkeit im Notfall nach außen einschränken. Würde diese

Vollmacht bei einer Behörde, einer Versicherung oder einem Vermieter vorgelegt, müssten die betroffenen Stellen oder Personen zuerst prüfen, ob der Vollmachtgeber überhaupt geschäftsunfähig ist. In der Folge würden sie ein medizinisches Gutachten verlangen oder müssten sich selbst vergewissern. Sie müssten das Betreuungsgericht anrufen, um dies wirklich sicherzustellen. Das würde dann so ziemlich auf das Gegenteil dessen hinauslaufen, was man beabsichtigt hat.

Einschränkung der Vollmacht im Innenverhältnis

Wer also seine Vollmacht einschränken möchte, wird besser einen zweiten Vertrag mit dem Bevollmächtigten abschließen, nämlich einen Vertrag über die Vollmacht im Innenverhältnis, worin genau solche Einschränkungen geregelt werden. Der Bevollmächtigte tritt nach außen ohne Einschränkungen auf und ist doch an seinen Vertrag im Innenverhältnis gebunden oder könnte für eine Übertretung beispielsweise vom Vollmachtgeber oder den späteren Erben zur Verantwortung gezogen werden. Eine wichtige Einschränkung ist, dass die Vollmacht nur im Falle einer Geschäftsunfähigkeit genutzt werden darf. Die Regelung im Innenverhältnis der Vorsorgevollmacht ist empfehlenswert und eine sinnvolle Sache.

Genügt die Unterschrift unter die Vorsorgevollmacht?

Im Prinzip ist die Vorsorgevollmacht mit der Unterschrift und dem Datum des Vollmachtgebers rechtsgültig.

Die Vollmacht bedarf keiner besonderen Form, kann also mit dem beiliegenden Formular als Ausdruck oder handschriftlich verfasst werden. Wobei tatsächlich die handschriftliche Abfassung die Authentizität der Urkunde erhöht. Um auszuschließen, dass eine beginnende Unzurechnungsfähigkeit bei der Unterschriftsabgabe unterstellt wird, kann ein ärztliches Attest hilfreich sein. Notwendig ist es im Normalfall nicht.

Eleganter ist es, die Vorsorgevollmacht und die Authentizität der Unterschrift beglaubigen zu lassen. Das kann bei der Betreuungsbehörde im Betreuungsgericht für wenig Geld oder beim Notar erledigt werden. So erkennt die Bank möglicherweise die Vollmacht an. Eine Nutzung der Vollmacht in schwerwiegenden Vermögensangelegenheiten über den Tod hinaus könnte allerdings auch mit einer Beglaubigung schwierig werden.

Für Grundbucheintragungen nach dem Tod wird eine Beglaubigung nicht reichen. Hier ist eine Beurkundung beim Notar nötig, die nicht ganz billig ist. Der Notar prüft dann unter anderem den Inhalt der Urkunde auf Rechtsgültigkeit sowie die Geschäftsfähigkeit des Vollmachtgebers und berät über die juristische Tragweite.

Erkennen Banken die Vorsorgevollmacht an?

In der Vergangenheit gab es mit Vollmachten ohne Beglaubigung regelmäßig Probleme. Gerade bei Eheleuten bietet es sich an, dass diese sich in guten Tagen für Konten oder Depots, die sie nicht gemeinsam führen, direkt bei der Bank gegenseitig eine Vollmacht erteilen. Banken haben eigene Formulare und Onlinebanken ein ebenfalls eigenes Procedere. Informieren Sie sich vorab.

Was ist eine Generalvollmacht?

Der Sinn einer Generalvollmacht ist, im Geschäftsleben für alle geschäftlichen Entscheidungen und Transaktionen einen oder mehrere Bevollmächtigte zu haben. Solche Vollmachten werden vom

Notar aufgesetzt und beurkundet. Diese Form taugt nicht als Muster für eine Vorsorgevollmacht, da Bestimmungen zu höchstpersönlichen Angelegenheiten wie beispielsweise Gesundheitsangelegenheiten oder Bestimmungen zum Aufenthaltsrecht nicht beinhaltet sind.

Brauchen Eheleute und volljährige Kinder jeder eine eigene Vollmacht?

In diesem Buch wird mehrfach darauf hingewiesen, aber man kann es nicht oft genug betonen: Ohne Vollmacht kein Vertretungsrecht.

Ein Vertretungsrecht, das automatisch in Kraft tritt, ist auch in der Familie rechtlich nicht gegeben. Ohne Vollmacht mit benannten Bevollmächtigten prüft das Betreuungsgericht die Situation und vergibt eine Betreuung, die regelmäßig vom Gericht überprüft wird. Das muss nicht zwingend ein Familienmitglied sein. Dabei fallen außerdem zusätzliche Kosten an. Lediglich bei Gesundheitsangelegenheiten haben Eheleute gegenseitig ein auf 6 Monate beschränktes Notfallrecht, wenn der betroffene Ehepartner sich nicht mehr äußern kann, vorausgesetzt, die Ehe ist nicht zerrüttet. Für ihre volljährigen Kinder können die Eltern nichts verfügen. Ärzte wären dann bei einem bewusstlosen Patienten an ihre Schweigeverpflichtung gebunden. Entscheidungen mit Augenmaß sind natürlich jenseits rechtlicher Vorgaben immer möglich. Ärzte haben die Möglichkeit, sich an dem mutmaßlichen Willen des Patienten zu orientieren. Eine Vorsorgevollmacht ist in jedem Fall hilfreich und erleichtert die Situation.

Der Bevollmächtigte

Der Bevollmächtigte muss eine Person sein, die Ihnen nahesteht und der Sie absolut vertrauen. Hier kommen der Ehepartner, die volljährigen Kinder, der beste Freund oder die beste Freundin infrage.

Und wenn Ihnen beim besten Willen niemand einfällt? Dann bleibt Ihnen nur der Weg über einen gesetzlichen Betreuer, der vom Betreuungsgericht überprüft wird.

Es gibt Betreuungsvereine, die ehrenamtliche und berufsmäßige Betreuer nennen können, die Erfahrung im Umgang mit der anfallenden Arbeit haben. Kirchen und Wohlfahrtsverbände bieten hier ebenfalls Unterstützung an. Haben Sie so etwas wie einen Familienanwalt, kann auch dies die Lösung sein. Letztlich ist das auch eine Frage der Kosten und sollte im Vorfeld klar geregelt werden.

Kann ich eine Vorsorgevollmacht widerrufen?

Solange Sie geschäftsfähig sind, können Sie eine Vollmacht widerrufen, eine vergebene Vollmacht zurückfordern und gegebenenfalls eine neue aufsetzen. Eine Bankvollmacht können Sie bei der Bank für ungültig erklären lassen.

Ist der Notfall eingetreten und Sie sind entscheidungsunfähig, können Sie eine Vorsorgevollmacht erst nach dem Wiedererlangen der Geschäftsfähigkeit widerrufen.

Warum soll die Vollmacht über den Tod hinaus gelten?

Bis nach dem Tod die Erben feststehen und vom Nachlassgericht bestätigt werden, dauert es einige Zeit. In der Zwischenzeit sind viele Dinge zu erledigen. Laufende Verträge müssen gekündigt werden, die Bestattung soll vorbereitet werden. Es werden Kosten anfallen, die in diesem Zusammenhang zu bezahlen sind. Es ist sinnvoll, dass sich der Bevollmächtigte auch nach dem Ableben des Vollmachtgebers auf eine gültige Vollmacht berufen kann. Schwerwiegende Vermögensaktionen wie ein Immobilienverkauf sind nur mit einer beurkundeten Vollmacht möglich, die dies auch im Vertrag im Innenverhältnis mit einschließt.

Ein Bevollmächtigter ist gegenüber den späteren Erben verantwortlich und schuldet diesen Rechenschaft.

Checkliste Vorsorgevollmacht

Die folgenden Punkte sind bedeutsam für Ihre Vorsorgevollmacht:

Sie haben bereits

- eine Betreuungsverfügung,
- eine Patientenverfügung,
- eine Bankvollmacht mit der Bank und
- eine separate Vollmacht für Post, Internet und Telekommunikation vereinbart.

Der Bevollmächtigte

- Sie haben eine vertrauensvolle Person gefunden, der Sie sowohl Ihre finanziellen als auch Ihre persönlichen Angelegenheiten in Vollmacht übertragen wollen.
- Diese Person ist bereit und befähigt, für diese Aufgabe langfristig bereitzustehen.

Zwei oder mehr Bevollmächtigte

- Sie wollen mehreren Personen für verschiedene Bereiche eine Vollmacht erteilen.
- Sie wollen einen Kontrollbevollmächtigten einsetzen.
- Sie haben diese Bereiche mit diesen Personen besprochen und das Innenverhältnis der Verantwortlichkeiten eindeutig vorab geklärt.

Vorsicht: Bei zwei gleichberechtigten Bevollmächtigten muss die Entscheidungsbefugnis geklärt sein, und außerdem, wer bei unterschiedlicher Meinung das letzte Wort hat. In der Vorsorgevollmacht im Innenverhältnis ist dafür Raum.

Bevollmächtigte aus der Familie

- Sie haben mehrere Familienmitglieder ausgewählt.
- Sprechen Sie mit den Personen vorher. Sie müssen mit Familiendynamik rechnen, und unter Geschwistern besteht oft eine Rivalität.

Zweifel an der Auswahl des Bevollmächtigten

- Verzichten Sie darauf, eine Vollmacht zu erteilen, wenn Sie nicht ganz sicher sind.
- Vielleicht ist eine Betreuung die bessere Wahl. Lassen Sie sich beraten. Machen Sie einen Termin bei einem Betreuungsverein.

Außen- und Innenverhältnis

- Die Vollmacht im Außenverhältnis sollte ohne Einschränkungen gültig sein, sonst ist diese womöglich nicht verwendbar.
- Erst die Vollmacht im Innenverhältnis enthält weitere Regelungen zur Gültigkeit, zu medizinischen Maßnahmen und Wünschen, wie weit freiheitsbeschränkende Eingriffe gehen können, zum Rahmen der Vermögensangelegenheiten oder zur Bestimmung des Aufenthaltsorts.

Beglaubigung

- Soll die Vollmacht vom Notar oder der Betreuungsbehörde beglaubigt werden?

Beurkundung

- Ist eine Beurkundung wegen möglicher Eintragungen im Grundbuch und zur Verfügung über den Tod hinaus notwendig?

Zeugen

- Wer soll die Vorsorgevollmacht bezeugen (Arzt, Anwalt, Familienmitglieder)?

Vorsorgeordner

- Weisen Sie den Bevollmächtigten und die Angehörigen darauf hin, dass Sie einen Vorsorgeordner mit allen Vollmachten, Verfügungen und weiteren persönlichen Unterlagen eingerichtet haben.

Ausfüllhilfe und Erklärung zur Vorsorgevollmacht

Das Bundesministerium für Justiz und Verbraucherschutz hat eine Mustervollmacht erarbeitet. Die hier benutzte Vollmacht berücksichtigt diese amtliche Vorlage. Sie finden die amtliche Vorlage der Vorsorgevollmacht auch im Internet, wo Sie sie herunterladen können unter *www.bmj.de/SharedDocs/Downloads/DE/Service/Formulare/Vorsorgevollmacht.html*.

Die Vorsorgevollmacht finden Sie darüber hinaus als Blankoexemplar im Formularteil dieses Buches (ab Seite 64). Machen Sie sich eine persönliche Kopie dieser Seiten, oder trennen Sie diese heraus. Legen Sie die Vollmacht neben die Ausfüllhilfe, und gehen Sie Schritt für Schritt alle Punkte durch.

Bestätigen Sie jede Seite zusätzlich mit Ort, Datum und Ihrer Unterschrift. Sie bevollmächtigen so Ihre Vertrauensperson, gegenüber Versicherungen, Behörden, Banken, Vermietern oder Vertragspartnern Ihre Interessen zu vertreten.

Mit Ihrer Unterschrift ist die Vollmacht gültig. Auch den Vollmachtnehmer unterschreiben zu lassen ist nicht zwingend nötig, aber doch empfehlenswert. Denn so wissen beide, Vollmachtnehmer und Vollmachtgeber, worum es geht.

Der Aufbau der Vorsorgevollmacht

Eingangsformel (Personalien)

- Wer ist Vollmachtgeber und wer Vollmachtnehmer? Hier werden die aktuelle Adresse und die Kontaktdaten der Vollmacht notiert.

- Die Auswahl des Vollmachtnehmers ist von entscheidender, zentraler Bedeutung. Dieser Person müssen Sie vertrauen können, dass sie die Vollmacht in Ihrem Sinne und zu Ihrem Wohle nutzt. Haben Sie Zweifel, sollten Sie auch keine Vorsorgevollmacht abgeben. Wohnt Ihr Bevollmächtigter in Ihrer Nähe, so erleichtert dies das Zusammenspiel.

- Haben Sie einen weiteren, zweiten Bevollmächtigten vorgesehen, sollten Sie eine zweite Vollmacht erstellen.

- Die Vollmacht ist wirksam, wenn die bevollmächtigte Person die Vollmachtsurkunde in Händen hält und bei Vornahme eines Rechtsgeschäfts die Urkunde im Original vorlegen kann. Sie können also die Vollmacht zunächst bei sich ablegen.

Vertretung zu folgenden Angelegenheiten

Die Vorsorgevollmacht nennt zu allen relevanten Themen des Lebens die wichtigen Entscheidungspunkte, die durch Ankreuzen und Streichen eindeutig individuell bezeichnet werden können. Die Vollmacht umfasst die folgenden Bereiche:

- Gesundheitssorge, Pflege und Freiheitsbeschränkung
- Aufenthalt und Wohnungsangelegenheiten
- Behörden- und Ämtervertretung
- Vertretung vor Gericht und Beauftragung von Rechtsanwälten
- Vermögenssorge, Banken
- Post, Internet und Telekommunikation
- Sonstige Vertragsangelegenheiten
- Untervollmacht
- Betreuungsverfügung
- Geltungsdauer über den Tod hinaus
- Weitere Regelungen

1. Gesundheitssorge, Pflege und Freiheitsbeschränkung

- Bitte beachten Sie, dass die Ausführungen zur Gesundheitssorge in der Vorsorgevollmacht eine ausführliche Patientenverfügung nicht ersetzen. Diese enthält detaillierte Festlegungen zu Umfang und Grenzen lebensverlängernder Maßnahmen. Es ist deshalb empfehlenswert, eine Patientenverfügung als Ergänzung der Vorsorgevollmacht beizulegen.

- Nur Ehepartner haben nach aktueller Gesetzeslage ohne Vollmacht automatisch ein auf 6 Monate beschränktes Vertretungsrecht in Gesundheitsangelegenheiten. Mit einer Vorsorgevollmacht haben auch unverheiratete Lebenspartner oder Kinder für ihre Eltern ein unbegrenztes Vertretungsrecht.

- Mit der Vollmacht darf Ihr Bevollmächtigter Einblick in Ihre Krankenakte nehmen, und die Ärzte sind ihm gegenüber von der Schweigepflicht entbunden. Mit einer zusätzlichen Patientenverfügung erfährt Ihr Arzt von Ihren Vorstellungen und Wünschen bei der medizinischen und pflegerischen Behandlung. Hier werden wichtige und entscheidende Fragen beantwortet. Beispielsweise: Wollen Sie in jedem Fall lebensverlängernde Maßnahmen bekommen, auch wenn sich so Ihr Leid unnötig verlängert?

- Ihr Bevollmächtigter sollte über Ihre Wünsche und Ihre Einstellung zum Leben Bescheid wissen und diese entsprechend gegenüber den Ärzten vertreten. Auch kann er in eine Heilbehandlung einwilligen – oder diese ablehnen, wenn dabei Ihr Leben gefährdet wird.

- Mit einer detaillierten Patientenverfügung haben Sie hier zusätzliche Rechtssicherheit für die Gesundheitssorge.

- Für den Fall, dass sich Ärzte und Bevollmächtigter über Ihren mutmaßlichen Willen nicht einig sind, muss das Betreuungsgericht bei schwerwiegenden, lebensbedrohlichen Punkten entscheiden. Bei Einigkeit entfällt dies natürlich.

- Menschen wollen nicht nur im Alter und bei Gebrechlichkeit zu Hause in der gewohnten Umgebung bleiben. Dabei ist Unterstützung zu organisieren.

- Einkaufen, Kochen, körperliche Hygiene, Essen auf Rädern, ambulanter Pflegedienst – all das muss koordiniert werden. Auch, dass bei einer Erkrankung ein Hausarzt zu Ihnen nach Hause kommt. Dies ist ab einem gewissen Punkt in den eigenen vier Wänden nicht mehr zu leisten, und es ist ein Umzug ins Heim mit Vollservice zu erwägen. Aus Erfahrung sollte man dies eher früher als später planen. Das Heim muss finanziert werden. Es müssen Verträge abgeschlossen, Anträge bei Versicherungen und Behörden gestellt und der Umzug organisiert werden. Aufgaben, für die eine Vollmacht bestehen muss.

- Es kann eine Entscheidung nötig sein, die in Ihre Freiheitsrechte eingreift. Das können ein Gitter am Bett, beruhigende Arzneimittel und sogar die Unterbringung in einer geschlossenen Einrichtung sein, wenn der Bezug zur Realität verloren gegangen ist. Niemand wünscht sich so eine Situation herbei, aber sie kann unter Umständen eintreten, und auch dies sollten Sie bei der Bearbeitung der Vorsorgevollmacht besprechen.

- Auch das Thema Sterbehilfe wird hier eine Rolle spielen. Jeder Mensch hat ein Grundrecht auf selbstbestimmtes Sterben, so hat es das Verfassungsgericht formuliert. Über eine Vorsorgevollmacht wird aber keine Assistenz zu einer Selbsttötung abgedeckt.

2. Aufenthalt und Wohnungsangelegenheiten

Der Bevollmächtigte kann für Sie eine passendere Wohnung suchen und dazu Verträge kündigen und neue schließen. Auch der Umzug in ein Alten- und Pflegeheim ist über die Vollmacht geregelt.

3. Behörden- und Ämtervertretung

Ihr Bevollmächtigter kann so verbindlich mit allen Behörden und Versicherungen verhandeln und Sie vertreten.

Die Einstufung bei den Pflegegraden und die damit verbundene finanzielle Unterstützung wäre beispielsweise ein Streitpunkt, den Sie ohne Unterstützung nicht erfolgreich verhandeln können.

4. Vertretung vor Gericht und Beauftragung von Rechtsanwälten

Ihr Bevollmächtigter kann Widerspruch gegen die Bescheide der Pflegeversicherung, des Finanzamtes oder des Sozialamtes einlegen. Vieles muss vor einem Finanz- oder Sozialgericht geklärt werden, oder es müssen dort zumindest Rechtsmittel eingelegt werden. Dazu muss Ihr Bevollmächtigter, falls notwendig, auch einen Rechtsanwalt bestellen können.

5. Vermögenssorge, Banken

- Ihr Bevollmächtigter kann mit der Vollmacht Ihr Vermögen verwalten und damit rechtsverbindliche Geschäfte erledigen.

- Für Grundbucheintragungen oder für Einträge im Handelsregister und die Aufnahme eines Verbraucherkredits muss eine notariell beurkundete Vollmacht vorliegen.

- Erkundigen Sie sich bei Ihrer kontoführenden Bank, ob für eine Bankvollmacht eine beglaubigte Vorsorgevollmacht ausreicht. Onlinebanken haben dafür eine jeweils eigene Vorgehensweise zur Vollmachterteilung. Dies gilt auch für Eheleute! Am besten, Sie hinterlegen noch in gesunden Tagen eine Vollmacht direkt bei der Bank. Innerhalb der Familie sollte dies in den meisten Fällen kein Problem sein.

- Ein separates Muster für eine Bankenvollmacht ist im Formularteil enthalten (ab Seite 64). Ohne eine Beglaubigung wird diese von der Bank aber nicht berücksichtigt.

- Einschränkungen, die über die allgemeine Vermögensvollmacht hinausgehen, sollten in der

Vereinbarung im Innenverhältnis festgelegt und geregelt werden. Geschenke und Zuwendungen könnten so ein Punkt sein. Sie müssen Ihren Bevollmächtigten dazu nach außen bevollmächtigen und im Innenverhältnis genau einschränken. Ein Bevollmächtigter ist gegenüber den späteren Erben rechenschaftspflichtig.

6. Post, Internet und Telekommunikation

- Mit einer Vollmacht kann der Bevollmächtigte zur Postfiliale gehen und Einschreibebriefe sowie Pakete abholen und sichten.

- Zu klären ist, wer als Bevollmächtigter Ihren Computer öffnen, die Passwörter nutzen und in Ihrem Namen und Interesse Inhalte einsehen und Vorgänge abwickeln darf. Dies ist ein umfangreiches Feld mit Klärungsbedarf zwischen Vollmachtgeber und Vollmachtempfänger.

- Möglicherweise ist es sinnvoll, diese Passage aus der Vorsorgevollmacht als einzelne Vollmacht auszuführen. So muss gegenüber der Post oder einem Provider nicht die ganze Vollmacht im Original vorgelegt werden.

- Ein entsprechendes Formular finden Sie im Formularteil ab Seite 64.

- Der Provider muss vom Telekommunikationsgesetz und anderen Geheimhaltungspflichten befreit werden. Wichtig ist, dass Ihr Bevollmächtigter für Ihre digitale Identität eine Übersicht Ihrer Onlineaccounts und -verträge und den Zugang zu Ihren Kennwörtern hat (siehe Seite 28).

7. Sonstige Vertragsangelegenheiten

Seien es Abonnements, der Mobilfunkvertrag, die GEZ, Vereine, ein Gärtner oder der Wartungsservice für die Heizung – der Bevollmächtigte ist so eindeutig in der Lage, entsprechende Verpflichtungen und Vereinbarungen aufzulösen.

8. Untervollmacht

Es gibt spezialisierte Aufgaben, wo eine Untervollmacht nötig ist. Ein Anwalt braucht eine Vollmacht in einem Rechtsstreit und ein Notar bei einem Immobiliengeschäft.

9. Betreuungsverfügung

Ordnet das Betreuungsgericht trotz Vollmacht eine Betreuung an, so ist Ihr Bevollmächtigter durch Ihren Vorschlag erste Wahl. Er kann dann allerdings nicht mit der Vollmacht Ihre Geschäfte erledigen, sondern nur unter gerichtlicher Aufsicht.

10. Geltungsdauer über den Tod hinaus

Die Vorsorgevollmacht wird ab dem Zeitpunkt der Ausstellung gültig und bleibt dies über den Tod hinaus. So ist auch der Zeitraum zwischen Tod und vollzogener Erbschaft überbrückt, um für wichtige Schritte handlungsfähig zu sein und Rechnungen in Ihrem Namen bis zur Nachlassregelung zu erledigen.

Dass der Bevollmächtigte erst dann von der Vollmacht Gebrauch macht, wenn Sie nicht mehr handlungsfähig sind, wird durch die Vereinbarung im Innenverhältnis geregelt.

11. Weitere Regelungen

Hier ist Platz für individuelle Regelungen.

Unterschriften

Hier setzen Sie mit Angabe von Ort und Datum Ihre Unterschrift.

Zeugen

Hier können Ihr Anwalt, Ihr Arzt oder ein Mitarbeiter aus dem Betreuungsverein Ihren freien Willen und Ihre Einsicht in die Verfügung bestätigen.

Die Vorsorgevollmacht im Innenverhältnis

In dieser individuellen Vereinbarung zwischen Vollmachtgeber und Bevollmächtigtem werden die Bedingungen und Regelungen für die Nutzung der Vollmacht durch den Bevollmächtigten vereinbart.

Nach außen hat die Vorsorgevollmacht keine Einschränkungen und wird durch die Ergänzung für den Gebrauch nach innen spezifiziert. Die Vereinbarung ist an keine besondere Form gebunden.

Der Bevollmächtigte legt diese Anweisung für seine Vollmacht zu den Unterlagen dazu. Im Geschäftsverkehr wird er nur die Vollmacht nach außen nutzen. Auf Nachfrage des Betreuungsgerichtes kann er aber zusätzlich diese Regelungen zum Innenverhältnis vorlegen, um den Umfang seiner Vollmacht zu legitimieren.

Er ist daran gebunden, die Regelungen umzusetzen. Erben könnten das Handeln infrage stellen und möglicherweise nicht mit den Verfügungen, gerade in Vermögensdingen, einverstanden sein. Hier ist die Vorsorgevollmacht im Innenverhältnis ein wichtiges Dokument und Rechtfertigung für den Bevollmächtigten.

In Kürze könnte man es so definieren: Die Vollmacht im Außenverhältnis beschreibt, was der Bevollmächtigte alles tun kann, und die Vollmacht im Innenverhältnis, was er tun soll.

Das sind die Fragen und Punkte, die im Innenverhältnis geklärt werden.

Ausfüllhilfe zur Vorsorgevollmacht im Innenverhältnis

1. Beginn der Vollmachtvertretung

Der Bevollmächtigte verpflichtet sich, die an sich uneingeschränkte Vollmacht erst dann einzusetzen, wenn der Vollmachtgeber zeitweise oder dauerhaft nicht handlungsfähig ist.

Wann dieser Zeitpunkt eintritt, kann der Beurteilung des Bevollmächtigten übertragen oder durch ein ärztliches Attest festgestellt werden.

Eine Überprüfung der Beurteilung der Geschäftsfähigkeit kann in regelmäßigen Abständen angeordnet werden.

Auf Weisung und Wunsch des Vollmachtgebers kann der Bevollmächtigte auch bei bestehender Geschäftsfähigkeit des Vollmachtgebers in dessen Namen und Vollmacht handeln. Dies kann beispielsweise bei einer Bewegungseinschränkung notwendig sein.

2. Ein oder mehrere Bevollmächtigte

Die Vollmacht wird in der Regel einem Bevollmächtigten übertragen. Bei zwei Bevollmächtigten sollte geklärt werden, wie diese sich die Aufgabe teilen, wie unterschiedliche Meinungen koordiniert werden und wer das letzte Wort hat. Mögliche Streitigkeiten und Rivalitäten sollten durch klare Vereinbarungen verhindert werden.

Einen zweiten Bevollmächtigten in einer klaren Reihenfolge zu benennen, kann durchaus sinnvoll sein, falls der erste nicht mehr zur Verfügung steht.

Immer wieder kommt es vor, dass ein Bevollmächtigter seine Befugnisse missbraucht. Denken Sie deshalb darüber nach, eine Kontrollperson einzuführen, die jederzeit Zugang zu allen Vorgängen hat. Dies sollte allerdings mit dem Bevollmächtigten besprochen werden, denn es könnte als Misstrauen missverstanden werden.

3. Gesundheit und Pflege

Einige Weisungen gehen über die Regelungen der Patientenverfügung hinaus, die sich in wesentlichen Punkten mit der Sterbesituation beschäftigt.

Führen Sie hier auf, welche Vorstellungen Sie von einem lebenswerten Leben haben, auch in Grenzsituationen in eingeschränkter Form.

- Besprechen Sie mit Ihrem Bevollmächtigten Ihre Wertevorstellungen und wie Sie diese umgesetzt haben wollen.
- Ihr Vermögen soll Ihrer Pflege zugutekommen.
- Sie wollen zu Hause gepflegt werden und sich möglichst selbstständig bewegen. Solange dies möglich ist, wollen Sie nicht in einem Pflegeheim untergebracht werden.
- Sehen Sie sich bereits heute selbst um. Welcher Pflegedienst macht einen guten Eindruck? Hinweise helfen dem Bevollmächtigten, in Ihrem Sinne zu handeln.
- Es gibt große Unterschiede bei Pflegeheimen. Reden Sie mit Menschen, die ihre Angehörigen in solchen Einrichtungen untergebracht haben. Es sind nicht nur schöne Geschichten. Sprechen Sie über Bedingungen und Optionen, falls Ihnen eine Pflegeeinrichtung zusagt. Notieren Sie hier Ihre Wünsche.

4. Wohnung und freiheitsbeschränkende Maßnahmen

- Unter welchen Umständen darf der Bevollmächtigte zum Schutz dem Anbringen von Bettgittern, Bauchgurten und anderen Maßnahmen zustimmen?
- Dürfen Medikamente gegeben werden, die ruhigstellen und das Bewusstsein trüben?
- Was soll mit der Wohnung oder dem Haus nach einem Umzug ins Pflegeheim geschehen, wenn keine Rückkehr mehr möglich ist? Wann soll die Wohnung gekündigt werden?
- Welche Bestimmung ist für den Hausrat und das Inventar vorgesehen?

5. Regelungen zum Vermögen und die gewünschte Verwendung

- Der Bevollmächtigte soll Ihr Vermögen bewahren und aus dem Guthaben die laufenden Kosten begleichen. Darüber hinaus können Sie aber Zuwendungen veranlassen wie beispielsweise ein Geschenk für Angehörige zum Geburtstag, Spenden für eine Stiftung oder einen Verein. Nennen Sie die Namen, den Umfang sowie die Form der Zuwendungen und Geschenke, die Sie machen wollen.
- Soll Ihr Bevollmächtigter eine Aufwandsentschädigung bekommen? Besprechen Sie das mit Ihrem Bevollmächtigten, und notieren Sie es hier.

6. Weitere Regelungen

In diesen Regelungen des Innenverhältnisses notieren Sie alles, was bei der Besprechung zur Formulierung der Vollmacht bemerkenswert ist. Es geht nicht nur um eng gefasste Details, sondern Ihr Bevollmächtigter soll Ihre Wünsche verstehen und entsprechend erfüllen.

- Gibt es eine besondere Zuwendung oder ein Vermächtnis? Möchten Sie, dass bestimmte Menschen Sie vor Ihrem Tod noch einmal besuchen kommen und deshalb rechtzeitig informiert werden?

- Wollen Sie Ihre Bibliothek bei einer Wohnungsauflösung stiften? Soll ein Enkel die Fotoalben oder die Vinylplatten bekommen? Oder soll Ihr Auto an eine gemeinnützige Einrichtung verschenkt werden, wenn Sie sich nicht mehr darum kümmern können?

- Wen aus Ihrer Verwandtschaft wollen Sie sehen und wen nicht?

- Sie können hier auch Vorstellungen für Ihr Begräbnis notieren.

7. Haftungsausschluss
Dies ist eine wichtige Einschränkung für Ihren Bevollmächtigten, die ihn vor kleinlichen Anwürfen schützt.

Unterschriften

Unterschreiben Sie gemeinsam mit Ihrem Bevollmächtigten, der Ihre Geschäfte besorgen soll. Das fühlt sich dann wie ein Pakt an und trägt den rechtlichen Voraussetzungen für einen Geschäftsbesorgungsvertrag Rechnung. Um sicherzustellen, dass später keine Seiten eingefügt wurden, unterschreiben Sie jede Seite mit Datum einzeln.

Die Vorsorgevollmacht in Österreich und der Schweiz

In Österreich

Eine gültige Vorsorgevollmacht kann in Österreich nur bei einem Notar oder Anwalt erstellt werden. Die Geschäftsfähigkeit ist Voraussetzung. Wenn es keine nennenswerten Vermögenswerte gibt oder der Inhalt eingeschränkt ist und keine besonderen Rechtskenntnisse erforderlich sind, kann die Vollmacht auch vor einem Erwachsenenschutzverein errichtet werden. Eine selbst verfasste und unterschriebene Vorsorgevollmacht ist in Österreich nicht gültig.

Die Vollmacht ist zudem erst dann gültig, wenn ein Arzt die Geschäftsunfähigkeit bescheinigt. Dann wird die Vorsorgevollmacht im Österreichischen Zentralen Vertretungsverzeichnis (ÖZV) registriert und ist somit im Anschluss wirksam.

In der Schweiz

Ein Vorsorgeauftrag, wie die Vorsorgevollmacht in der Schweiz genannt wird, muss wie ein Testament handschriftlich niedergelegt werden. Eine gedruckte und unterschriebene Fassung kann nur beim Notar hinterlegt werden. Der Inhalt ist ähnlich dem deutschen Muster: Medizinische Versorgung, Pflege und Behandlung, Vermögensvorsorge, Bankvollmacht und Vertretung bei Ämtern und Behörden.

Den Vorsorgeauftrag im Original bewahrt man an einem sicheren Ort auf mit einem Hinweis für den Bevollmächtigten. In einigen Kantonen kann der Vorsorgeauftrag auch gegen Gebühr bei der Kindes- und Erwachsenenschutzbehörde (KESB) hinterlegen werden. Gültig wird der Vorsorgeauftrag, sobald er von der KESB geprüft und validiert wurde. Der Bevollmächtigte bekommt dann den Vorsorgeauftrag ausgehändigt.

Das Schweizerische Rote Kreuz hat eine Mustervorlage erstellt. Hier der Link: *https://vorsorge.redcross.ch/vorsorgeauftrag/*

Die Generalvollmacht

Bei einer Generalvollmacht wird eine umfassende Übertragung aller Entscheidungsbefugnisse angestrebt. Diese umfasst vor allem alle geschäftlichen Belange und die Vermögensverwaltung. Notwendig ist dies, wenn ein Betrieb fortgeführt oder ein umfassendes Vermögen verwaltet werden muss.

Die Gültigkeit der Generalvollmacht beginnt mit der Aushändigung der Vollmacht an den Bevollmächtigten. Da es mit einer Generalvollmacht möglich ist, die Macht zu missbrauchen, kommt diese im Normalfall eher selten zum Einsatz.

§

Eine Generalvollmacht kann selbst verfasst und mit Datum und Unterschrift versehen werden. Sie ist dann gültig und rechtskräftig. Ob diese dann auch genutzt wird, hängt vom Einsatzzweck und der Glaubwürdigkeit gegenüber Dritten ab.

Mit einer Beglaubigung durch den Notar wird die Geschäftsfähigkeit des Vollmachtgebers sowie die Echtheit der Unterschrift bestätigt. Damit eine Generalvollmacht für weitreichende Vermögensangelegenheiten auch anerkannt wird, muss sie von einem Notar beurkundet werden. Ohne notarielle Beurkundung ist der Gebrauchsnutzen für größere Vermögenstransaktionen eingeschränkt. So ist beispielsweise auch über den Tod hinaus keine Eintragung im Grundbuch möglich. Um im Geschäftsleben alle Gepflogenheiten zu bedenken, ist die kostenpflichtige Beratung durch den Notar unumgänglich. Die Gebühren richten sich nach der Höhe des Vermögens.

Für die Erstellung und Beurkundung einer Generalvollmacht durch den Notar fällt die einfache Notargebühr an, die sich nach dem Geschäftswert des Vermögens richtet. Zu diesen Gebühren kommen noch Bearbeitungskosten und die Umsatzsteuer.

Mit dem Gebührenrechner auf der Internetseite *www.notar.de* kann man sich die Notarkosten individuell berechnen lassen.

Für eine Beglaubigung der Unterschrift ohne Entwurf beim Notar beträgt die Höchstgebühr 70 Euro zuzüglich Mwst.

Auch wenn eine Generalvollmacht, wie schon der Name sagt, alle Lebensbereiche umfasst, ist damit eine Vertretung in Gesundheitsangelegenheiten nicht möglich. Diese müssten ausdrücklich aufgeführt und erwähnt sein. In der Praxis wird deshalb zusätzlich zu einer Generalvollmacht eine Vorsorgevollmacht aufgesetzt.

Die Generalvollmacht bleibt dann für geschäftliche Belange vorbehalten. Es ist dienlich, diese Vollmacht auch über den Tod hinaus zu terminieren, um den Zeitraum bis zur Ausstellung des Erbscheins oder der Eröffnung des Testaments zu überbrücken.

Ein einfaches Muster einer Generalvollmacht finden Sie im Formularteil (ab Seite 64). Auch hier ist es möglich, mit einer Generalvollmacht im Innenverhältnis die Vollmacht entsprechend einzugrenzen.

Widerruf einer Generalvollmacht

Der Vollmachtgeber kann die Vollmacht jederzeit widerrufen und die Vollmachten zurückfordern. Nach dem Tod des Vollmachtgebers können die Erben die Vollmacht widerrufen.

Die Betreuungsverfügung

Ohne Bevollmächtigten wird vom Betreuungsgericht ein Betreuer eingesetzt. Findet sich unter den Angehörigen keine geeignete Person, wird das Gericht einen berufsmäßigen amtlichen Betreuer wählen. Dieser arbeitet auf Honorarbasis. Man kann davon ausgehen, dass Betreuer sich um ihre Schützlinge sorgen und versuchen, den Erwartungen gerecht zu werden. Bei Differenzen und Unstimmigkeiten kann das Betreuungsgericht entsprechend entscheiden. Betreuungsvereine beraten dazu.

Für eine Betreuung muss eine Person nicht unbedingt geschäftsunfähig sein, entscheidend ist der Bedarf für eine Unterstützung. Bei einer fortschreitenden Demenz oder anderen Beeinträchtigungen ist dies ein fließender Prozess und zunächst Hilfe zur Selbsthilfe.

Eine zusätzliche Betreuungsverfügung ist neben einer Vorsorgevollmacht nicht unbedingt nötig. Der Bevollmächtigte kann aber ausfallen und ein Betreuer nötig werden. Durch die Betreuungsverfügung kann man selbst geeignete Personen vorschlagen oder ungeliebte Personen vorsorglich ausschließen und ablehnen.

Fragen zur Betreuungsverfügung

Wer keine geeignete Vertrauensperson für eine Vorsorgevollmacht hat, sollte für ein Betreuungsverfahren vorsorgen und einen Betreuer vorschlagen. Auch wer keinesfalls Ihr Betreuer werden soll, ist oft ein wesentlicher Aspekt.

Das Betreuungsgericht prüft diesen Vorschlag und wird diesem entsprechen, wenn es nicht schwerwiegende Argumente dagegen gibt.

So können Sie gegenüber einem Ihnen bekannten Betreuer auch Wünsche festhalten. Bei einem Berufsbetreuer, den Sie nicht kennen, ist dies nur schwerlich möglich.

In Gegensatz zu einem Bevollmächtigten wird die Arbeit eines Betreuers vom Betreuungsgericht kontrolliert. Dennoch können die Vorstellungen kollidieren. Ein Betreuer verdient mit der Betreuung Geld und betreut unter Umständen mehrere geschäftsunfähige Personen. Umso wichtiger ist es, gerade in Gesundheitsangelegenheiten durch eine Patientenverfügung genaue Vorstellungen und Wünsche mitzuteilen.

?

Sie verfügen über ein beträchtliches Vermögen, aber Sie haben keinen vertrauensvollen Bevollmächtigten? Dann ist es unter Umständen besser, auf eine Vorsorgevollmacht zu verzichten und einen Betreuer auf Zeit zu bestellen, da dieser nur in engen Grenzen handeln darf und der Kontrolle des Gerichts unterliegt. Dennoch sollte man nicht außer Acht lassen, dass eine berufsmäßige Betreuung durchaus ein bequemer und lukrativer Job sein kann. Die Distanz zu einer fremden Person ist einfach gegeben.

Es ist keine leichte Entscheidung. Wägen Sie genau ab, informieren und beraten Sie sich.

Vorsorgevollmacht und/oder Betreuungsverfügung

Eine Betreuungsverfügung stellt eine Alternative mit zusätzlicher Sicherheit zur Vorsorgevollmacht dar, und man sollte es nicht dem Zufall überlassen, falls doch eine Betreuung nötig wird.

Wenn der Bevollmächtigte bereits älter ist und kein Ersatzbevollmächtigter in der Vorsorgevollmacht genannt ist, kann schnell die Situation für eine Betreuung eintreten. Gerade bei Eheleuten, die sich gegenseitig bevollmächtigen, ist es möglich, dass auch der zunächst Bevollmächtigte selbst unter eine Betreuung fällt. Hier gilt es, entsprechend vorzusorgen.

Gut ist es natürlich, dass ein Betreuer im Gegensatz zu einem Bevollmächtigten der gerichtlichen Kontrolle unterliegt. Erst wenn eine Notsituation eingetreten ist, wird das Gericht einen Betreuer beauftragen. Missbraucht ein Betreuer seine Funktion, ist ein Einspruch vor Gericht möglich. Ein Bevollmächtigter wird sehr viel schwerer eines Missbrauchs überführt werden können.

Form und Aufbewahrung

Eine Betreuungsverfügung ist an keine besondere Form gebunden. Sie muss schriftlich verfasst und mit Ort und Datum unterschrieben werden. Vor Gericht muss das Original abgegeben werden.

Dass eine Betreuungsverfügung vorhanden ist, kann auch beim Zentralen Vorsorgeregister eingetragen werden, mit Angaben zur Person. Zur Ablage eignet sich der zugängliche Vorsorgeordner, der auch die anderen Verfügungen und Dokumente enthält (siehe Seite 58). Dieser wird schnell gefunden.

Alleinstehend ohne Vertrauensperson

Wenn Sie sich zunächst einmal informieren wollen, ist ein Termin bei einem der ehrenamtlichen Betreuungsvereine der richtige Schritt. Abzuwarten, bis es zu spät ist, ist sicherlich nicht empfehlenswert.

Wer eine Bindung in einer Glaubensgemeinschaft oder weltlichen Orientierungsvereinigung hat, kann eventuell hier nach ehrenamtlichen Betreuern fragen.

Anwälte sind von Berufs wegen für eine Betreuung vorbereitet. Sie können dies bei einer guten, gewachsenen Beziehung eventuell selbst übernehmen oder haben einen guten Tipp, wer als Vertrauensperson infrage kommen könnte.

Im Leben ist es aber meist so: Wer sich erst einmal eine Frage stellt, wird selektiv aufmerksam, und die Antwort stellt sich oft wie von selbst ein. Also Augen auf!

In der Betreuungsverfügung selbst ist es möglich, die Personengruppe einzuschränken – ob Mann oder Frau, ob religiös oder sozial engagiert.

Wie geht das Betreuungsgericht vor?

Das Betreuungsgericht wird tätig, wenn es von Ihnen selbst, Angehörigen, Bekannten, Nachbarn oder Krankenhaus und Pflegeheim angerufen wird.

Es prüft dann die Situation und erstellt ein Gutachten zur Gesundheit und zur Lebenssituation. Wird ein Bedarf festgestellt, bestellt das Gericht den Betreuer. Es folgt zunächst den Vorschlägen aus der Betreuungsverfügung, soweit diese vorliegt.

Hier fallen bei einem Vermögen von mehr als 25 000 Euro mindestens 200 Euro Gerichtsgebühren an.

Info

Das ist neu im Betreuungsrecht seit 2023

- Im neuen Gesetzestext geht es weniger um die Feststellung medizinischer Defizite als vielmehr um den individuellen Unterstützungsbedarf des Hilfsbedürftigen.
- Der Betroffene muss für eine Unterstützung nicht zwingend geschäftsunfähig sein! Maßgebend ist, ob der Betroffene Unterstützung benötigt, seine eigenen Rechte geltend zu machen. Die Bestellung eines Betreuers ist nur dann zulässig, wenn der Betroffene keine anderen Möglichkeiten für eine Unterstützung hat. Gegen den freien Willen des Betroffenen darf kein Betreuer bestellt werden.
- Die Wünsche des Betreuten oder dessen mutmaßlicher Wille stehen im Vordergrund.
- Da das Betreuungsgericht stärker auf die Wünsche des Betreuten achtet, können Pflichtwidrigkeiten des Betreuers, wie die Beschränkung der Selbstbestimmung des Betreuten, besser erkannt und sanktioniert werden.
- Berufsbetreuer müssen sich künftig bei einer Betreuungsbehörde registrieren lassen sowie eine persönliche und fachliche Mindesteignung nachweisen.
- Ehrenamtliche Betreuer, die keine familiäre oder persönliche Bindung zur betreuten Person haben, sollten sich einem Betreuungsverein anschließen, der sie beraten und fortbilden kann.
- Das sogenannte »Notvertretungsrecht für Ehegatten« gibt den Ehepartnern das Recht, auch bei fehlender Vorsorgevollmacht beschränkt für 6 Monate in Angelegenheiten der Gesundheitssorge gegenseitig in Vollmacht zu handeln. Die Bestellung eines Betreuers ist dann nicht zulässig. Dazu bestätigt der behandelnde Arzt, dass der vertretene Ehegatte nicht bei Bewusstsein oder geistig eingeschränkt ist und seine Angelegenheiten rechtlich nicht selbst besorgen kann. Dies gilt aber nur, wenn die Eheleute nicht getrennt leben und die Ehe nicht zerrüttet ist. Wurde in einer Patientenverfügung oder Vorsorgevollmacht eine andere Person als der Ehepartner befugt, gehen diese Vollmachten vor.

Kosten und Aufgaben bei einer Betreuung

Ein ehrenamtlicher Betreuer bekommt eine jährliche Aufwandspauschale von 399 Euro. Ein berufsmäßiger Betreuer hat höhere Sätze.

Wer einen Betreuer bekommt, wird nicht entmündigt. Er erhält vielmehr Unterstützung für die unterschiedlichen Aufgabengebiete. Der Betreuer entscheidet nach den Wünschen und zum Wohle des Betreuten.

Seine Aufgaben sind

- Regelung von Vermögensangelegenheiten,
- Gesundheitsfürsorge,
- Bestimmung des Aufenthalts,
- Abwicklung von Wohnungsangelegenheiten und
- Vertretung gegenüber Behörden, Versicherungen und Sozialleistungsträgern.

Ausfüllhilfe und Erklärung zur Betreuungsverfügung

Das Bundesministerium für Justiz und Verbraucherschutz hat eine Musterverfügung erarbeitet. Die hier benutzte Verfügung berücksichtigt diese amtliche Vorlage der Betreuungsverfügung. Sie können sie im Internet einsehen und downloaden unter *www.bmj.de/SharedDocs/Downloads/DE/Service/Formulare/Betreuungsverfuegung.html?cms_dlConfirm=true.*

Die Punkte, die Sie festlegen

Sie legen in der Betreuungsverfügung fest, welche Person Sie sich als Ihren Betreuer wünschen. Bestellt wird der Betreuer im Bedarfsfall vom Gericht, und dies auch nur, wenn es vom Gericht als notwendig erachtet wird. Das persönliche Wohlergehen des Betreuten steht zusammen mit der Regelung der Vermögensangelegenheiten im Vordergrund. Alle Verfügungen haben eine Gültigkeit bis zum Tod. Der Verfügung kann jederzeit widersprochen werden, solange Sie einsichtsfähig sind. Der Aufbau einer Betreuungsverfügung enthält diese Punkte:

- Ihren Namen und die Anschrift
- In welchem Fall soll die Verfügung gelten?
- Namen und Anschrift des gewünschten Betreuers
- Optional einen weiteren Betreuer oder Ersatzbetreuer
- Welche Personen kommen als Betreuer nicht infrage?
- Hinweise auf eine vorhandene Patientenverfügung und Vorsorgevollmacht
- Ort, Datum und Ihre Unterschrift
- Unterschrift der Zeugen

Weitere Punkte, die geklärt werden sollen

1. Regelungen zur Gesundheit und Pflege

- Sie können Art und Umfang der Betreuung im Pflegefall regeln,
- Hinweise für die ambulante Pflege und für eine Pflege zu Hause geben und
- Ihren Vertrauensarzt festlegen.

2. Verwendung von Vermögenswerten

- Wollen Sie Personen regelmäßig unterstützen?
- Sollen für Ihre Pflege Vermögenswerte aufgelöst werden, und wer soll davon profitieren? Soll eine Wohnung, ein Haus verkauft werden?
- Wer soll sich bei einer Wohnungsauflösung um das Mobiliar kümmern?
- Wollen Sie Schenkungen tätigen?
- Sollen Personen aus Ihrem Umfeld oder eine gemeinnützige Organisation unterstützt werden?

3. Regelungen zum Aufenthalt

- Für den Fall, dass ein Pflegeheim nötig wird, haben Sie bereits ein Heim angesehen, das Ihnen gefällt?
- Soll Ihre Wohnung dann aufgelöst werden?

4. Weitere Wünsche an den Betreuer

- Sie haben ein Haustier. Was soll damit geschehen?
- Gibt es Wertsachen oder Kunstwerke, die Sie stiften oder verschenken wollen?
- Gibt es Angelegenheiten, die Sie noch vor Ihrem Tod befrieden und beilegen wollen?

Die Patientenverfügung

Jede ärztliche Behandlung bedarf einer Einwilligung des Patienten. Ist der Patient aber nicht bei Bewusstsein oder aufgrund einer geistigen Einschränkung nicht ansprechbar und entscheidungsfähig, so kann dieser im Vorfeld durch eine Patientenverfügung seinen Willen ausdrücken, jenseits von Erster Hilfe und einer lebensrettenden Notfallbehandlung.

Bei einem Unfall oder einer plötzlichen lebensbedrohlichen Situation wird jeder Arzt erst einmal das Überleben sichern. Aber wenn es um lebensverlängernde Maßnahmen geht, in einer Situation, die keine Heilungschancen mehr erwarten lässt, ist für den Arzt eine Patientenverfügung die entscheidende Grundlage für die weitere Behandlung. Ein Bevollmächtigter ist bei einer vorliegenden Patientenverfügung hilfreich, aber nicht notwendig. Ein schwerer Unfall, ein Schlaganfall, ein Koma – dies alles sind mögliche lebensbedrohende Notfälle, die meist wenig Hoffnung auf ein Weiterleben lassen.

Und so ist eine Patientenverfügung auch eine Art Anweisung, wie wir sterben wollen, wenn ein Leben nicht mehr möglich ist.

Was ist eine Patientenverfügung?

Mit einer Patientenverfügung nehmen Sie Ihre Rechte wahr, dass eine Behandlung, auch wenn Sie nicht einwilligungsfähig sind, nach Ihren Vorstellungen und Vorgaben stattfindet.

Ihre persönlichen Wertevorstellungen, Ihre religiösen Anschauungen und Ihre Einstellung zum Leben und Sterben kommen darin zum Ausdruck. Für Ärzte, Ihren Bevollmächtigten in Gesundheitsangelegenheiten wie auch Ihre Angehörigen ist es eine Erleichterung zu wissen, wie Sie über die Grenzsituation zwischen Leben und Sterben denken und ob Sie um jeden Preis lebensverlängernde Maßnahmen wünschen.

Je genauer Sie darin Ihren Standpunkt darlegen, desto verbindlicher kann dem auch entsprochen werden. Voraussetzung ist, dass diese Patientenverfügung im Notfall auch vorliegt. Eine Registrierung im Zentralen Vorsorgeregister und eine Hinterlegung an einem bekannten Platz sind die richtigen Überlegungen.

?

Brauche ich eine Patientenverfügung?

Der eine hat Sorge, dass in einem Notfall nicht alles zum Erhalt seines Lebens getan wird, ein anderer fürchtet, dass er in einer hoffnungslosen Situation mit großem technischen Aufwand an einem friedvollen Sterben gehindert wird.

Wer sich mit den Fragen rund um die Grenzsituationen des Lebens beschäftigt hat und weiß, was er für sich erhofft und was für ihn richtig ist, kann eine entsprechende Patientenverfügung aufsetzen. Erfahrungsgemäß stellen sich diese Überlegungen eher im fortgeschrittenen Alter. Gewiss ist, dass wir alle sterben werden. Deshalb ist auch eine Patientenverfügung richtig, aber bei Zweifeln nicht zwingend geboten.

Entscheidungen für oder gegen einzelne Behandlungsoptionen, wie künstliche Beatmung und Ernährung oder eine Wiederbelebung, obwohl bereits irreversible Schäden entstanden sind und ein Weiterleben mit großen Einschränkungen oder gar einem langwierigen Koma verbunden ist, sind von großer Tragweite.

Es ist also gut, sich dem Thema behutsam zu nähern und mit dem Hausarzt und anderen Vertrauenspersonen darüber zu sprechen, um sich so seine individuelle Meinung zu bilden. Eine Beratung beim Arzt ist eine privatärztliche Leistung und wird nicht von der Krankenkasse übernommen.

Wer keine Patientenverfügung ausgefüllt und hinterlegt hat, hat zunächst keine Nachteile. Tritt eine lebenskritische Situation ein, werden Ärzte sich immer für den Erhalt des Lebens entscheiden. Bei Entscheidungen von großer Tragweite und Konsequenz wird immer das Betreuungsgericht eingeschaltet. Dieses wird sich am vermutlichen Wohl und Willen des Betroffenen orientieren.

Auch mit einer ausführlichen Patientenverfügung sind nicht alle möglichen medizinischen und palliativen Situationen abgedeckt. Deshalb ist eine zusätzliche Vorsorgevollmacht oder Betreuungsverfügung sinnvoll. In der Vorsorgevollmacht wird ein Bevollmächtigter unter anderem für Gesundheitsangelegenheiten bestimmt, der dann als Stellvertreter Ihren Willen ausdrücken kann. Liegt keine Vollmacht vor, und kein Bevollmächtigter steht zur Verfügung, ist der Ehepartner, nicht aber der unverheiratete Lebenspartner, für einen beschränkten Zeitraum von 6 Monaten vertretungsberechtigt.

Voraussetzung ist, dass die Ehepartner nicht getrennt sind und die Ehe nicht als zerrüttet gilt.

Es bleibt aber dabei: Ohne Patientenverfügung müssen Bevollmächtigte, das Betreuungsgericht, aber auch ein Betreuer von einem vermutlichen Wunsch des nicht mehr kommunikationsfähigen Patienten ausgehen.

Wer allerdings bereits schwer erkrankt ist, für den gewinnt eine Patientenverfügung besondere Brisanz und Aktualität. In der Auseinandersetzung von Leben und Tod haben die Fragen eine existenzielle Nähe. Zusammen mit seinen Vertrauenspersonen kann der Erkrankte so eine letzte Form der Autonomie wahren. Eine Vorlage für eine Patientenverfügung für schwer Erkrankte finden Sie im Formularteil (ab Seite 64).

Die Form der Patientenverfügung

Es gibt keine Vorschriften, wie eine Patientenverfügung im Detail auszusehen hat. Sie sollte schriftlich verfasst werden und mit Ort, Datum und Unterschrift am besten auf jeder Seite legitimiert werden. Name und Adresse können auf der ersten Seite genannt werden.

Für eine Patientenverfügung gibt es viele Vorlagen und Empfehlungen. Oft wird eine frei formulierte Verfügung vorgeschlagen. Das birgt die Gefahr, dass die Verfügung blumig und unklar wird und damit in der Praxis nur mit Einschränkung verwendet werden kann. Wir schlagen deshalb eine vorformulierte Verfügung vor, bei der man das Gewünschte ankreuzen kann.

Aber es spricht nichts dagegen, verschiedene Formulare zu vergleichen und dann die zu wählen, die am besten zu Ihnen passt. Achten Sie aber in jedem Fall darauf, dass die Behandlungsoptionen klar benannt sind.

Bei der in diesem Buch vorgeschlagenen Patientenverfügung (siehe Formularteil ab Seite 64) können Sie die einzelnen Punkte ankreuzen. Der Arzt kennt die Punkte und kann so schnell erfassen, was damit gemeint ist. Das gibt Rechtssicherheit und vermeidet Missverständnisse und Auslegungsunsicherheiten.

Zusätzlich ist ein frei formulierter Text mit den persönlichen Ansichten und Werten, eventuell auch den religiösen und weltanschaulichen Überzeugungen, eine große Entscheidungshilfe.

Die hier gewählte Vorlage orientiert sich an den Textbausteinen des Bundesministeriums für Justiz. Sie finden die Vorlage unter folgendem Link:
www.bmj.de/SharedDocs/Downloads/DE/Service/Formulare/Patientenverfuegung_Textbausteine_pdf.pdf;jsessionid=C387205CAD47240EE429F6BBE36E06D6.1_cid297?__blob=publicationFile&v=13.

Eine Patientenverfügung ist auch ohne Notar oder Rechtsanwalt gültig und rechtlich bindend.

Die Unterschrift des beratenden Arztes und eines Zeugen unterstreicht Ihre Geschäftsfähigkeit bei der Abfassung der Patientenverfügung.

Aktualisierung der Patientenverfügung

Die Einstellungen zu Leben und Tod können sich ändern. Deshalb ist es gut, die Patientenverfügung regelmäßig zu aktualisieren und zu prüfen, ob sie noch den Vorstellungen und Werten entspricht.

Eine Patientenverfügung kann also jederzeit, ganz oder in Teilen, formlos widerrufen werden.

Grundsätzlich ist eine Patientenverfügung ab dem Zeitpunkt der Abfassung und der Unterschrift bis zum Lebensende, bis zu einer Aktualisierung oder bis zu einem Widerruf gültig.

Sollte es Ihnen in einer kritischen Lage noch möglich sein, zu kommunizieren, so ist auch eine mündliche Äußerung gegenüber Ärzten, Bevollmächtigten oder Betreuern möglich, um die Darstellung in der Patientenverfügung zu revidieren. Es geht um die Wünsche und um das Wohl des Betroffenen, nicht um Formalien.

Leben und Tod, was bedeutet das für mich

Wertvorstellungen und Lebenseinstellungen sowie religiöse Anschauungen, Hoffnungen und auch Ängste bestimmen unseren Zugang zum Leben und zu Grenzsituationen. Diese Angaben spiegeln sich in der Patientenverfügung.

Die Auseinandersetzung mit den folgenden Fragen kann helfen, die persönlichen Vorstellungen auszudrücken. Dabei geht es mehr darum, die Anregung aufzugreifen, als jede einzelne Frage zu beantworten. Die Beschäftigung mit diesen

Themen vertieft Ihre Einstellung zum Leben und unterstreicht die Ernsthaftigkeit der Patientenverfügung.

- Was war mir wichtig in meinem bisherigen Leben?
- Was sind meine Wünsche, und welche sind so oder anders in Erfüllung gegangen?
- Was war mir besonders wertvoll, und was würde ich gerne ändern, wenn ich noch einmal neu anfangen könnte?

- Was wünsche ich mir für die Zukunft?
- Was ist mir wichtig, was möchte ich noch erreichen?
- Was macht für mich die Qualität eines Lebens aus?
- Will ich alt werden, auch mit Einschränkungen?
- Macht mir der Gedanke an das Sterben oder an den Tod Angst?

- Fühle ich mich im Glauben geborgen?
- Welche Vorstellungen von einem Jenseits beflügeln mich?
- Begleiten mich spirituelle Vorstellungen?
- Kann der Glaube Leid und Sterben lindern?

- Welche Erfahrungen von Leid und Krankheit habe ich überwunden?
- Was hilft mir bei seelischen Nöten?
- Wo ist mir Leid, Behinderung und Sterben begegnet?
- Was sind für mich schlimme Vorstellungen?
- Wovor habe ich besondere Angst?
- Habe ich Skepsis oder Abschiedsgedanken dem Leben gegenüber?

- Was bedeutet mir die Familie?
- Habe ich enge Freunde?
- Sind Begegnungen ein tragendes Lebensmotiv?
- Kann ich gut Hilfe von anderen annehmen?

Thema Sterbehilfe

Aktive Sterbehilfe ist in Deutschland nicht erlaubt. Passive Sterbehilfe dagegen ist erlaubt. Sie kann durch entsprechende Maßnahmen beim Sterben unterstützen und den Sterbeprozess beschleunigen. In der Patientenverfügung kann dies so gewünscht werden.

Verschiedene Formen der Sterbehilfe

Aktive Sterbehilfe: Wenn der Tod eines Menschen auf dessen ausdrücklichen Wunsch durch die Hand eines anderen herbeigeführt wird, spricht man von aktiver Sterbehilfe. Dies kann durch eine entsprechende Spritze geschehen oder, wenn der Todeswillige noch schlucken kann, auch durch die aktive Gabe eines Medikaments durch einen Helfer.

In Deutschland ist dies nicht erlaubt und entspricht einer Tötung auf Verlangen.

Passive Sterbehilfe: Durch Absetzen und Beenden lebenserhaltender Maßnahmen, wie künstlicher Beatmung oder einer Infusion zur Ernährung, wird passiv der Sterbevorgang eingeleitet. Auch ohne Trinken und Essen kann der Sterbeprozess noch mehrere Tage dauern. Man geht davon aus, dass Sterbende kein Hunger- und Durstgefühl mehr haben. Die palliative Behandlung bleibt erhalten. Dies muss durch eine eindeutige Erklärung in der Patientenverfügung ausgedrückt werden.

Indirekte Sterbehilfe: Auch eine Erhöhung schmerzlindernder Medikation kann den Sterbeprozess beschleunigen. Der Zustand des Patienten bessert sich zwar, aber die Lebensdauer verkürzt sich dadurch. Indirekte Sterbehilfe ist in Deutschland erlaubt.

Beihilfe zum Suizid: Ein Helfer stellt die Mittel zum Suizid bereit. Der Suizidwillige nimmt diese tödlichen Hilfsmittel aber selbstbestimmt und freiwillig ein oder nutzt eine entsprechend aufgezogene Spritze, die er sich selbst intramuskulär setzt. Der Helfer ist hier weder anwesend, noch ist er unterstützend tätig, nur so ist die Beihilfe nicht strafbar. Für einen gelähmten Patienten ist diese Option unter Umständen schwierig.

Ärzte können frei und allein auf Basis ihres Gewissens entscheiden, ob sie Suizidwillige unterstützen. In der Diskussion hat eine Mehrheit der Ärzte ihre Orientierung am Leben betont und eine Suizidassistenz abgelehnt.

Für Menschen, die ihr Leben beenden wollen, ist ungeklärt, wie sie in Deutschland legal an tödlich wirkende Medikamente kommen können, die ein humanes Sterben möglich machen. Der Erwerb ist auch in Ausnahmefällen nicht erlaubt. Entsprechende Gesetzesänderungen werden erwartet.

Thema Organspende

In Ihrer Patientenverfügung können Sie selbst entscheiden, ob Sie sich nach Ihrem Tod als Organspender zur Verfügung stellen oder nicht.

Um eine Organspende möglich zu machen, müssen die Vitalfunktionen des Sterbenden und des Hirntoten auch mit Hilfsmitteln, wie einer künstlichen Beatmung oder einer Infusion, aufrechterhalten werden. Dies geschieht dann auch entgegen anderer Willenserklärungen in der Patientenverfügung. Eine Rückkehr ins Leben ist aber durch die eindeutige Diagnose des Hirntodes ausgeschlossen.

Eine Organspende wird vielfach kontrovers diskutiert. Es ist ein sachlicher, medizinischer Vorgang, der mit spirituellen Vorstellungen zum Sterbeprozess kollidiert. Letztlich weiß keiner, was sich beim Sterben im Inneren eines Menschen vollzieht. Die geschäftlichen Interessen und bisweilen unklaren Verteilungsmechanismen sind immer wieder in den Schlagzeilen. Leben retten, wenn mein Lebenverloren ist, ist das andere Motiv. Insgesamt eine Entscheidung, die jeder für sich selbst treffen muss.

Die Zustimmung zu einer Organspende ist in verschiedenen Ländern unterschiedlich geregelt. In Deutschland muss einer postmortalen Organspende ausdrücklich zugestimmt werden. Es gilt die Zustimmungsregelung.

In vielen Nachbarländern gilt die Widerspruchslösung. Dort ist jeder automatisch Organspender, falls er medizinisch nach seinem Tod als Spender in Betracht kommt. Und jeder Einzelne muss dort aktiv widersprechen, falls er kein Organspender sein möchte.

Daher sollte man also unbedingt einen Organspendeausweis bei seinen persönlichen Dingen mit sich tragen. Um klarzustellen, dass man kein oder eben ein Organspender ist.

Unter www.organspende-register.de kann man sich mit seinem elektronischen Personalausweis einloggen und auch Online seine Willenserklärung pro oder contra dokumentieren.

Info

Optionen der Organspende

Auf der Rückseite des Organspendeausweises können Sie folgende Optionen erklären:

- Sie sind ein uneingeschränkter Spender.
- Sie wollen bestimmte Organe von einer Spende ausschließen.
- Sie wollen nur bestimmte Organe für eine Spende freigeben.
- Sie lehnen eine Organspende komplett ab.
- Sie wollen, dass im Falle Ihres Todes eine Vertrauensperson für Sie entscheidet.

Organspendeausweis
nach § 2 des Transplantationsgesetzes
Name, Vorname
Geburtsdatum
Straße
PLZ, Wohnort
Bundeszentrale für gesundheitliche Aufklärung
Organspende schenkt Leben.
Antwort auf Ihre persönlichen Fragen erhalten Sie beim Infotelefon Organspende unter der gebührenfreien Rufnummer 0800 / 90 40 400.

Der Organspendeausweis ist als Plastikkarte bestellbar unter: https://www.organspende-info.de/organspendeausweis-download-und-bestellen

Wer sich unter www.organspende-register.de online registriert hat, hat die Sicherheit, dass die persönliche Erklärung im Notfall abrufbar ist und vorliegt. Zumindest gilt das für Deutschland. Andere Staaten haben eigene Online-Register.

Wer also kein Organspender sein möchte, sollte den Ausweis in der Geldbörse haben oder auf dem Handy sich entsprechend erklären, da er in Ländern mit Widerspruchslösung ohne entsprechenden Widerspruch automatisch als Organspender gilt.

Ein deutscher Staatsbürger könnte in Österreich ohne Ausweis als Organspender gehandelt werden, obwohl er dies gar nicht wünscht. In Deutschland wird er ohne Ausweis und Erklärung hingegen als Nichtorganspender betrachtet.

Die Krankenkassen versenden regelmäßig entsprechende Ausweise zum Ausfüllen.

Auch in den modernen Smartphones gibt es entsprechende Apps für einen Notfallpass, in die die Informationen für einen Notfall, die wichtigen Notfallkontakte und auch eine Erklärung für oder gegen eine Organspende eingetragen werden können. Diese App kann auch im Sperrzustand geöffnet werden. Bei einem Notruf kann der Inhalt Ihres Notfallpasses übermittelt werden.

Nachbarländer, die aktuell eine Zustimmungslösung haben:

Deutschland, Dänemark, Griechenland, Irland, Island, Litauen, Malta, Schweiz, Vereinigtes Königreich.

Nachbarländer, die aktuell eine Widerspruchsregelung haben:

Belgien, Estland, Finnland, Frankreich, Italien, Kroatien, Lettland, Luxemburg, Niederlande, Norwegen, Österreich, Polen, Portugal, Slowakei, Slowenien, Spanien, Tschechien, Ungarn, Zypern.

Die deutsche Patientenverfügung im Ausland

Eine Patientenverfügung in Deutschland basiert auf nationalem Recht und ist so nicht ins Ausland übertragbar. Jedes Land hat dazu andere Vorschriften.

Wenn Sie also längere Zeit im Ausland leben, sollten Sie sich mit den dortigen Vorgaben bekannt machen. Und Gesetze können sich schließlich auch ändern.

Dennoch ist auch eine deutsche Patientenverfügung eine Willensäußerung, die Beachtung findet, aber mit den nationalen Gesetzen nicht im Widerspruch stehen darf. Es ist sicherlich so, dass in anderen Ländern, vor allem außerhalb der EU, nicht in jedem Fall vergleichbare Behandlungsmöglichkeiten gegeben sind.

Zu beachten ist außerdem die Sprachbarriere. Eine beglaubigte Übersetzung ist für die behandelnden Ärzte eine Hilfe und vermeidet Missverständnisse. Hierzu einige Beispiele über unterschiedliche Länderregelungen:

Österreich

Eine Patientenverfügung wird als Willenserklärung anerkannt, aber Ärzte müssen sich nicht an die Erklärung halten. Eine verbindliche Patientenverfügung kann in Österreich nur nach vorausgegangener ärztlicher Beratung in einer Anwaltskanzlei aufgesetzt werden. Dieses Dokument hat dann 8 Jahre Gültigkeit.

Hier ein Muster für eine Patientenverfügung nach österreichischem Recht. Der Link: https://patientenanwalt.com/wp-content/uploads/2024/08/Online-PV-Formular_-_elektronisch_ausfuellbar-1.pdf

Niederlande

Eine verbindliche Patientenverfügung ist dort möglich, inklusive Erklärungen zur aktiven Sterbehilfe.

Schweiz

Hier ist eine Patientenverfügung bekannt und wird beachtet. Je nach Gesundheitszustand wird diese von sozialen Hilfsorganisationen zusammen mit den Patienten verfasst.

Der Berufsverband der Schweizer Ärztinnen und Ärzte hat ein Muster für eine Patientenverfügung nach Schweizer Recht zum Download bereitgestellt Der Link: *https://www.fmh.ch/dienstleistungen/recht/patientenverfuegung.cfm*

Spanien

Behandlungswünsche für die Sterbephase können festgelegt und ein Bevollmächtigter kann bestimmt werden.

Belgien

Es gibt eine vergleichbare Patientenverfügung, und auch aktive Sterbehilfe kann, bei einer vom Arzt festgestellten unheilbaren Krankheit, verfügt werden.

Ausfüllhilfe Patientenverfügung

Die folgenden Themen sind für eine vollständige Patientenverfügung (siehe Formularteil ab Seite 64) zu beantworten. Inhalt und Gliederung folgen den Empfehlungen des Bundesjustizministeriums.

Eingangsformel (Personalien)

Persönliche Angaben, Name, Vorname, Geburtsdatum, Geburtsort

Situationen, für die die Patientenverfügung gelten soll

Führen Sie hier Situationen auf, die mit einer Einwilligungsunfähigkeit einhergehen.

Festlegungen zu Einleitung, Umfang oder Beendigung ärztlicher Maßnahmen

Diese Festlegungen sind der zentrale Punkt der Patientenverfügung. Versuchen Sie, diese medizinisch oft nicht einfach zu begreifenden technischen Aussagen zu verstehen und sich die Konsequenzen vorzustellen. Diskutieren Sie diese Punkte mit Ihnen nahestehenden Personen. Sie müssen fühlen können, was die einzelnen Maßnahmen bedeuten. Überstürzen Sie nichts, und ändern Sie einzelne Punkte, wenn Sie Zweifel bekommen.

! Es geht beispielsweise um so schwierige Fragen wie das Aussetzen einer künstlichen Ernährung durch eine Infusion. Hier wird davon ausgegangen, dass Sterbende kein Hunger- und Durstgefühl haben.

Wünsche zu Ort und Sterbebegleitung

Wenn es möglich ist, werden diese Wünsche beachtet.

Kommunikation und Aufhebung der ärztlichen Schweigepflicht

Nur mit einer Aufhebung der Schweigepflicht, auch gegenüber den Angehörigen, darf der Arzt Auskunft über den Gesundheitszustand geben und, wenn Sie ein Bevollmächtigter sind, auch die Therapiemaßnamen absprechen. Durch das Notvertretungsrecht für Ehegatten, das für eine Dauer von 6 Monaten gilt, ist der Ehepartner seit 2023 in Gesundheitsdingen automatisch bevollmächtigt und der Arzt ihm gegenüber von der Schweigepflicht entbunden, wenn kein entgegenstehender Wille des Ehepartners ersichtlich ist.

Aussagen zur Verbindlichkeit und zum Widerruf

Bei der Umsetzung der Wünsche in der Patientenverfügung können sich Widerstände bei den Ärzten ergeben. Wie ist damit umzugehen? Was wird von Ärzten und Bevollmächtigten erwartet?

Auch ein Wandel der Vorgaben und Wünsche in der Patientenverfügung ist im letzten Augenblick möglich. Welche Möglichkeiten und Freiheiten haben Ärzte und Bevollmächtigte, wenn Gesten, Blicke und andere Äußerungen im Widerspruch zu den vorliegenden Festlegungen in der Patientenverfügung stehen? Es geht immer um den aktuellen Willen und die Wünsche des Patienten.

Hinweise auf weitere Vorsorgeverfügungen

Gibt es eine zusätzliche Vorsorgeverfügung, die einen Bevollmächtigten in Gesundheitsfragen benennt?

Hinweis auf beigefügte Erläuterungen zur Patientenverfügung

Anhang (optional): Meine Wertvorstellungen

Organspende

Aussage über die Bereitschaft für eine Organspende oder deren Ablehnung. Dies kann die Festlegung zu ärztlichen und pflegerischen Maßnahmen betreffen.

Schlussformel

Verzicht auf weitere ärztliche Aufklärung

Schlussbemerkungen

Bestätigung für die bewusste, freiwillige und eigenverantwortliche Entscheidung

Aktualisierung

Ort, Datum, Unterschrift

Meine Wertvorstellungen

Ich bin nun mit 63 Jahren in den Vorruhestand gegangen. Meine Firma hat mir eine Übergangslösung organisiert, sodass dies ohne große finanzielle Einbußen klappt.

Ich habe vor 5 Jahren einen Schlaganfall erlitten. Aber ich konnte diesen lebensgefährlichen Einschnitt in mein Leben ohne große Beeinträchtigung überwinden. Mein hoher Blutdruck ist medikamentös gut eingestellt, und die Bypassoperation hat mir eine gute Aussicht auf ein zufriedenes Leben eröffnet.

Ich bin dem Leben gegenüber positiv und fröhlich eingestellt, und dass ich dem Arbeitsstress nicht mehr ausgesetzt bin, gibt mir mehr Leichtigkeit. So kann ich mir vorstellen, zusammen mit meiner Frau noch viele Jahre glücklich zu leben.

Einmal in der Woche besuchen uns die beiden Enkelkinder unserer Tochter. Es ist eine Freude, deren Entwicklungssprünge zu begleiten.

Es ist mir wichtig, möglichst lange zu leben, unabhängig davon, ob meine Leistungsfähigkeit nachlässt. Wenn eine medizinische und pflegerische Betreuung möglich ist, kann ich mir vorstellen, sehr alt zu werden, auch wenn ich auf Hilfe von außen angewiesen bin und mehr in eine beobachtende Rolle gerate.

Ich glaube an die Möglichkeiten der Medizin, von denen ich möglichst lange profitieren möchte. Abhängig ist dies davon, ob eine Behandlung und Pflege auch in meiner gewohnten Umgebung, mit den mich liebenden Menschen, möglich ist.

Dass alte Menschen zu früh medizinisch aufgegeben werden, finde ich einen entsetzlichen Gedanken und hat mit Menschenwürde nichts zu tun. Gerade alte Menschen sind für unsere Gesellschaft eine wichtige Säule, da diese einen ganz anderen Blick auf die verschiedensten Probleme einbringen können.

Ich möchte alles tun, damit ich möglichst lange lebe, auch mit Einschränkungen. Wenn es doch zum Ende kommt, dann will ich dies zusammen mit meinen Lieben erleben. Ich will dabei möglichst lange wach bleiben und nur so viel Schmerzmittel bekommen wie notwendig.

Ich bin ein fröhlicher Mensch, ich liebe das Leben und freue mich auf jeden neuen Tag, auch wenn durch das Alter Einschränkungen kommen werden.

Ort, Datum

Max Muster

Ergänzung zur Patientenverfügung bei schwerer Erkrankung

Bei einer lebensbedrohlichen schweren Erkrankung ändern sich viele Dinge. Auch die in guten Tagen verfasste Patientenverfügung bekommt eine neue Bedeutung. Es ist richtig, diese an die individuelle Situation anzupassen – am besten zusammen mit dem behandelnden Arzt.

Das Gleiche gilt auch bei fortschreitendem Alter, wenn Lebenswille und Lebenskraft nachlassen und Sie zunehmend auf fremde Hilfe angewiesen sind. Jede medizinische lebensverlängernde Maßnahme erscheint dann in einem neuen Licht.

Auch dann ist es wichtig, im Voraus zu planen. Sie nehmen selbstwirksam Verantwortung wahr, solange es noch geht, und geben diese fortschreitend ab, wenn es nicht mehr geht.

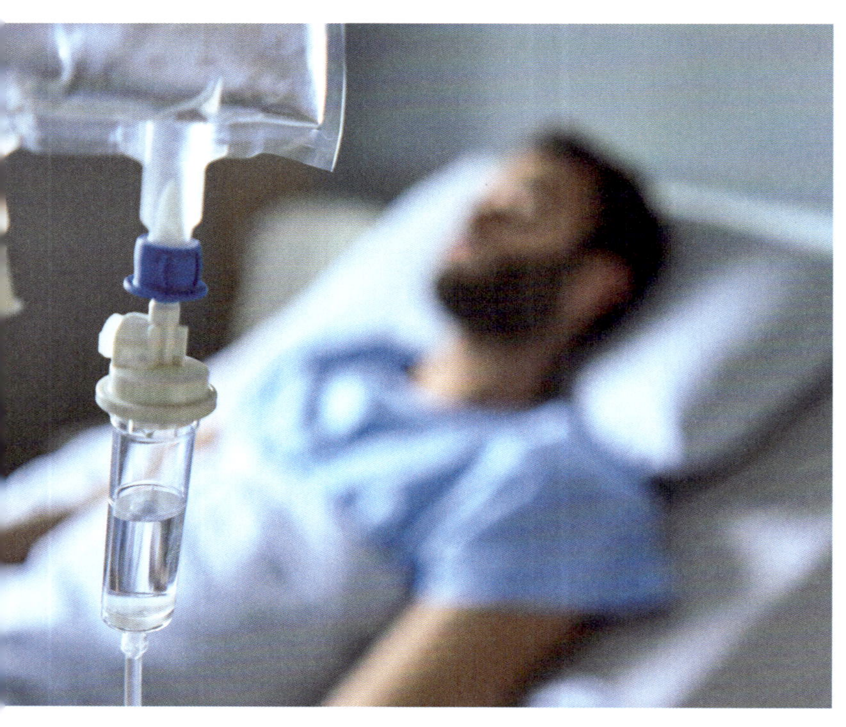

Sprechen Sie dazu mit allen Beteiligten, die Sie dabei unterstützen sollen – dem Haus- oder Facharzt, dem Pflegedienst oder der palliativen Einrichtung. Diese Kommunikation ist wichtiger Bestandteil für das Ausfüllen dieser Ergänzung zur Patientenverfügung.

Ihr Bevollmächtigter wird die Gespräche begleiten, kann so Ihre Wünsche besser verstehen und diese dann mit gutem Gefühl Ärzten oder Rettungspersonal mitteilen.

Man spricht dabei von dem Konzept »Behandlung im Voraus planen«, das von Sozialverbänden unterstützt wird. Auf diese Weise können Sie sicherstellen, dass Sie so behandelt werden, wie Sie es sich wünschen, auch wenn Sie dies nicht mehr mitteilen können.

Die Ergänzung zur Patientenverfügung bei schwerer Erkrankung ist dabei eine strukturierte Vorgabe, die hilft, schnell, eindeutig und trotzdem individuell Ihre Wünsche und Vorstellungen in der Kommunikation mit Ärzten, Pflege, Rettungsdienst oder Klinik festzuhalten und zu dokumentieren.

Der Inhalt der Ergänzung zur Patientenverfügung bei schwerer Erkrankung

Eingangsformel (Personalien)

Persönliche Angaben, Name, Vorname, Geburtsdatum, Geburtsort

Krankheitsgeschichte und Diagnose

Genaue Einzelheiten stehen im Arztbrief des behandelnden Arztes. Hier reicht eine kurze Zusammenfassung, die Sie eventuell zusammen mit Ihrem Arzt formulieren.

Was mir jetzt wichtig ist

Besprechen Sie die Möglichkeiten, die Ihnen bleiben. Wann soll noch eine Krankenhauseinweisung erfolgen? Ist ein Sterben zu Hause möglich? Was ist Ihnen in dieser Situation wichtig? Wer soll Sie begleiten? Welche spirituelle Unterstützung wünschen Sie sich?

Darüber hinaus ist mir besonders wichtig

Nennen Sie Ihre ganz konkreten Wünsche.

Momentane Medikation

Dies ist eine Information für Ärzte und Palliativeinrichtung, die auch auf dem Arztbrief vermerkt ist.

Notfallplan

Situationen, die Sie vorhersehen können, können Sie planen. Das nimmt die Sorge vor unerwarteten Ereignissen und die Angst, ausgeliefert zu sein. Der Arzt und Palliativmediziner unterstützt Sie dabei.

Namen und Adressen der Ärzte und Ihre Unterschrift

Ist ein Notar nötig?

Eine Vorsorgevollmacht muss keinesfalls von einem Notar beglaubigt werden. Allerdings werden Sie Schwierigkeiten bekommen, wenn Sie mit einer Vorsorgevollmacht in Händen das Geschäft des Vollmachtgebers besorgen, Immobilien verkaufen und Bankgeschäfte abwickeln wollen.

Eine notarielle Beglaubigung kostet wenig und schafft zusätzliche Akzeptanz. Sie sichert die Richtigkeit der Unterschrift. Bei einer notariellen Beurkundung wird darüber hinaus der Inhalt geprüft und bestätigt, dass dies der freie Wille des Vollmachtgebers ist, dass er geschäftsfähig ist und den Inhalt verstanden hat. Eine notarielle Beurkundung kostet je nach Vermögenslage eine erheblich höhere Gebühr.

Geht es also um einen Geschäftsbetrieb sowie Betreuung und Vollmacht für ein größeres Vermögen, ist es die beste Lösung, eine Generalvollmacht für Vermögensangelegenheiten beim Notar aufzusetzen. Für eine Kreditaufnahme im Namen des Vollmachtgebers ist beispielsweise immer eine notarielle Beurkundung nötig. Eine Beurkundung, die auch den Inhalt prüft, geht über die Beglaubigung einer Unterschrift hinaus.

Eine Vorsorgevollmacht sollten Sie dennoch ausfüllen, da eine Generalvollmacht Gesundheitsangelegenheiten nicht mit einschließt.

Beglaubigen und Beurkunden

Beglaubigung bei den Betreuungsbehörden

Eine Möglichkeit ist, die Unterschriften auf den Vorsorgevollmachten bei den örtlichen Betreuungsbehörden für nur 10 Euro beglaubigen zu lassen. In der Vergangenheit waren so sogar Eintragungen im Grundbuchamt für den Bevollmächtigten möglich. Über den Tod hinaus ist dies nur noch mit notariellen Dokumenten möglich.

Seit 2023 erlischt die Beglaubigung der Betreuungsbehörden allerdings mit dem Tod des Vollmachtgebers.

Um der Vollmacht mehr Akzeptanz zu geben, ist diese kostengünstige Form der Beglaubigung zu empfehlen. Die Behörde prüft dabei nur die Gültigkeit der Unterschrift, nicht aber die Vollmacht, die eventuell wegen einiger Besonderheiten eigenhändig verändert wurde.

Bankgeschäfte mit der Vorsorgevollmacht

Eigentlich deckt die Vorsorgevollmacht Bankgeschäfte ab. Eigentlich, denn Banken machen hier regelmäßig Schwierigkeiten, vor allem wenn es um größere Vermögen geht. Um dem vorzubeugen, sollte man für seinen Bevollmächtigten, etwa den Ehepartner, direkt bei der jeweiligen Bank eine Bankvollmacht ausstellen lassen. Das ist der sicherste und einfachste Weg, um auch ohne notariell beglaubigte oder beurkundete Vollmacht über das Konto und Depot zu verfügen. In Verbindung mit der Vorsorgevollmacht sind dann keine Schwierigkeiten zu erwarten.

Beurkunden kann nur der Notar

Eine Beglaubigung der Unterschrift ohne Prüfung und Beratung erledigt auch der Notar, aber gegen eine deutlich höhere Gebühr, als dies bei den Betreuungsbehörden möglich ist. Man muss mit knapp 100 Euro rechnen.

Eine Beurkundung ist sehr viel umfangreicher als eine bloße Beglaubigung. Der Notar berät dann individuell bei der Erstellung der Vorsorgevollmacht und verfasst ein weitgehend rechtssicheres Dokument für den Vollmachtgeber. Er versichert sich der Geschäftsfähigkeit. Dies alles ist sinnvoll, wenn es um ein Geschäftsvermögen, Immobilien, Beteiligungen sowie schwierige Familienverhältnisse geht. Nur so kann der Vollmachtnehmer in Vollmacht für den Vollmachtgeber handeln, eine Geschäftstätigkeit weiterführen, Immobilien oder Anteile verkaufen und nötige Kredite aufnehmen.

Für die Beurkundung einer Vorsorgevollmacht wird dann die Hälfte des Vermögens für die Festsetzung der Gebühr herangezogen. Als grobe Richtschnur fallen bei einem Vermögenswert von 500 000 Euro (Geschäftswert 250 000 Euro) etwa 500 Euro Gebühren zuzüglich Schreibgebühren an.

Die beste Verwahrung

Alle Formulare, Vollmachten und Verfügungen nützen nur dann etwas, wenn sie auch vorliegen, falls sie gebraucht werden. Bei einem Unfall oder einer Krankheit, bei der Sie ohne Bewusstsein sind, können Sie keine Auskunft mehr geben. Die Ärzte, Ihre Angehörigen oder die dafür vorgesehene bevollmächtigte Person müssen aber wissen, ob eine Vollmacht ausgestellt wurde und wo sich diese befindet.

Wer die Vollmacht in Händen hält, kann damit handeln. Daher ist es sicherlich besser, diese so aufzubewahren, dass sie im Notfall auffindbar ist.

Die meisten sprechen in gesunden Tagen mit ihren Vertrauten darüber und informieren sie über den Aufbewahrungsort.

Es kommt aber immer wieder vor, dass ein selbstverfasstes Testament verschwunden und – aus welchen Gründen auch immer – nicht mehr auffindbar ist. Dies hat zur Folge, dass die gesetzliche Erbfolge eintritt, auch wenn das gar nicht so vorgesehen war. Oder noch schlimmer: Ein neues, unbekanntes Testament taucht auf, das alle bekannten Vereinbarungen auf den Kopf stellt. Die Welt ist voll von diesen Geschichten, und nicht immer geht es dabei mit rechten Dingen zu.

Bei einem Autounfall werden Sie schwer verletzt und mit irreparablen, lebensbedrohlichen Konsequenzen in eine Klinik eingeliefert. Wie sollen die Ärzte erfahren, dass Sie für diese Fälle eine Patientenverfügung verfasst haben?

Es lohnt also, sich Gedanken zu machen, wie Sie mit diesen Notfällen umgehen, damit Ihre Botschaft auch gehört wird.

Der Vorsorgeordner für die persönlichen Dinge

Ordner sind eine praktische Sache. Je nach Umfang der Unterlagen ist es richtig, einen oder mehrere Ordner für die persönlichen Dinge des Lebens anzulegen. Vorsorgevollmacht, Betreuungsverfügung und Patientenverfügung finden dort einen guten Platz. Mit einem Register lassen sich alle wichtigen Unterlagen so einordnen, dass Sie selbst und auch andere nicht lange suchen müssen, um die benötigten Dokumente zu finden. Ein übersichtliches Register mit allen wichtigen Themenbereichen finden Sie am Ende des Formularteils (ab Seite 64). In diesem Vorsorgeordner sollten alle Verfügungen und Vollmachten gesammelt werden und gut sichtbar in einem Regal für den oder die Bevollmächtigten und die Angehörigen greifbar sein. Ein Schließfach oder ein Tresor könnte unter Umständen dann Schwierigkeiten aufwerfen, wenn niemand außer Ihnen selbst die Kombination kennt oder den Schlüssel hat.

Hinterlegen Sie eine Notiz für Ihre Vertrauenspersonen

Aufbewahrungsort für meinen persönlichen Ordner ist ....

....

Je nach Situation und speziellen Verhältnissen gehört ein Testament eher nicht zu den Unterlagen, die in einem Vorsorgeordner aufbewahrt werden sollten, denn dieses muss im Notfall nicht sofort zur Verfügung stehen. Eine Hinterlegung beim Notar, beim Rechtsanwalt und beim Nachlassgericht sind dazu die sicheren Varianten.

Dem absolut vertrauenswürdigen Alleinerben, wie etwa dem Ehepartner, zu sagen, wo das Testament liegt, ist grundsätzlich auch nicht verkehrt.

Der selbst gemachte Notfallpass

In Ihrer Geldbörse haben Sie eventuell einen Organspendeausweis, in dem Sie Ihre Zustimmung oder Ablehnung erklären. Dazu kommt der selbst gemachte Notfallausweis, mit den wichtigsten Informationen.

NOTFALLAUSWEIS
ausgestellt für:

....
Name

....
Vorname

....
Anschrift

....
Geburtsdatum

Ich habe folgende Vorsorgemaßnahmen getroffen:
- ❑ Notfallordner mit wichtigen Informationen
- ❑ Vorsorgevollmacht
- ❑ Betreuungsverfügung
- ❑ Patientenverfügung
- ❑ Organspendeausweis
- ❑ Es besteht eine amtliche Betreuung.

....

....
Hausarzt

Im Notfall benachrichtigen:

....
Name/Telefonnummer

....

Die zu benachrichtigende Person ist über die angekreuzten Vorsorgemaßnahmen informiert bzw. kennt den Aufenthaltsort.

Zu beachten:
- ❑ Diabetes ❑ Blutverdünner
- ❑ Implantat (siehe Implantatsausweis)
- ❑ Allergie:

....

Weitere Hinweise:

....

Wenn Ihnen die Vorlage gefällt, machen Sie eine Kopie des Ausweises. Füllen Sie diese aus und legen Sie Ihren Notfallpass gut sichtbar in das Fach mit den Bankkarten. Nichts spricht dagegen, gleich mehrere Exemplare zu erstellen und an unterschiedlichen Plätzen aufzubewahren. Einer davon könnte beispielsweise das Handschuhfach Ihres Autos sein.

Haben Sie es schon bemerkt? In den neueren Betriebssystemen für das Mobiltelefon gibt es eine App für einen digitalen Notfallpass. Wenn sich Ihr Mobiltelefon beziehungsweise die App jeweils ohne Fingerabdruck, Gesichtserkennung oder Nummerncode öffnen lässt, kann das eine gute Sache sein. Das lässt sich so in den Voreinstellungen einrichten.

Das Zentrale Vorsorgeregister

Die Bundesnotarkammer hat Übung im Umgang mit sensiblen, persönlichen Daten. Der Verband hat ein zentrales Register für Vorsorgevollmachten, Betreuungs- und Patientenverfügungen eingerichtet.

Haben Sie Ihre Vorsorgedokumente ausgefüllt, können Sie dies dem Register melden, das dann diese Informationen gegen eine einmalige Gebühr abrufbar speichert. Aber Vorsicht: Das Zentrale Vorsorgeregister speichert keine Patientenverfügungen oder Vorsorgevollmachten und prüft diese auch nicht, sondern nur die Information, dass Sie entsprechende Verfügungen erstellt haben und wer in einem Notfall Ihr Ansprechpartner und Bevollmächtigter ist. Die Dokumente selbst müssen, wie oben empfohlen, bei Ihnen zu Hause zugänglich sein.

Ganz praktisch funktioniert cas so, dass Sie in einem Notfall in die Klinik eingeliefert werden und kein Ansprechpartner dabei ist. Die Ärzte werden sich für eine Auskunft über den nicht ansprechbaren Patienten an das Betreuungsgericht wenden, das wiederum im Zentralen Vorsorgeregister nachfragt, ob Daten hinterlegt wurden. Dies kommt übrigens mehr als 200 000-mal im Jahr vor. Je nach Lebenssituation kann das also eine gute und sinnvolle zusätzlich Absicherung sein.

Beim Zentralen Vorsorgeregister kann man sich schriftlich auf einem Formular oder online registrieren. Die Registrierung können Sie im Internet vornehmen unter *www.vorsorgeregister.de*.

Hier finden sich die Ausfüllhilfe und entsprechende weitere Formulare, um beispielsweise die Angaben zu ändern oder zu löschen.

Beim Ausfüllen werden diese Informationen abgefragt:

- Sie geben an, an welchem Datum die Verfügungen und die Vollmacht erstellt wurden und wo die Urkunden aufbewahrt werden.
- Für die Vorsorgevollmacht werden der Bevollmächtigte und die Kontaktdaten genannt, und es kann angekreuzt werden, für welche Bereiche die Vollmacht gilt – Vermögensfragen, Gesundheitssorge und Aufenthaltsbestimmungsrecht.
- Ehepartner haben ein auf 6 Monate beschränktes automatisches Notfallvertretungsrecht. Wollen Sie nicht, dass Ihr Ehepartner dieses Recht ausüben soll, etwa weil die Ehe zerrüttet ist, so können Sie dem im Zentralen Vorsorgeregister widersprechen. Auch andere unerwünschte Personen in Ihrem Umfeld können Sie für eine Betreuung ausschließen. Das Betreuungsgericht wird Ihren Wünschen folgen.
- Sie kreuzen an, ob Sie eine Patientenverfügung ausgefüllt und hinterlegt haben.
- Sie kreuzen ebenfalls an, falls Sie eine Betreuungsverfügung erstellt haben. Ist der vorgeschlagene Betreuer aus Sicht des Betreuungsgerichtes geeignet, so muss das Gericht Ihrem Vorschlag folgen.

Werden die Vollmachten und weitere Verfügungen beim Notar aufgesetzt, übernimmt dieser in der Regel den Eintrag im Zentralen Vorsorgeregister.

Formulare für das Zentrale Vorsorgeregister

Die Antragsformulare auf Eintragung einer vorhandenen oder mehrerer vorhandener Vorsorgeangelegenheiten im Zentralen Vorsorgeregister können Sie sich im Internet downloaden unter *www.vorsorgeregister.de/formulare.*

Auf der Internetseite der Bundesnotarkammer finden sich neben dem Formular P, das hier auf den folgenden Seiten als Kopiervorlage abgedruckt ist, auch ergänzende Formulare für Änderungen und Widerruf einer Eintragung. Praktisch ist, dass die Formulare auch online ausgefüllt werden können und die jeweils aktuelle Fassung vorgehalten wird.

Antrag auf Eintragung einer vorhandenen oder mehrerer vorhandener Vorsorgeangelegenheit/-en

Bitte senden Sie das ausgefüllte und **unterschriebene Formular per Post** an die folgende Adresse:
Zentrales Vorsorgeregister, Postfach 08 01 51, 10001 Berlin.

Bitte senden Sie uns keine Vorsorgeurkunde(n) zu.
Pflichtangaben sind mit * gekennzeichnet.
Bitte beachten Sie auch die Hinweise am Ende des Formulars.

I. Allgemeine Informationen zu der/den Vorsorgeangelegenheit/-en

1. * Datum der Vorsorgeverfügung/-en

2. * Zu registrierende Vorsorgeangelegenheit/-en
   - ☐ Vorsorgevollmacht zur Erledigung von
     - ☐ Vermögensangelegenheiten
     - ☐ Angelegenheiten der Gesundheitssorge
       - ☐ Maßnahmen nach § 1829 Abs. 1 und 2 BGB ausdrücklich umfasst
       - ☐ Maßnahmen nach § 1832 Abs. 1 und 4 BGB ausdrücklich umfasst
     - ☐ Angelegenheiten der Aufenthaltsbestimmung
       - ☐ Maßnahmen nach § 1831 Abs. 1 und 4 BGB ausdrücklich umfasst
     - ☐ sonstigen persönlichen Angelegenheiten
   - ☐ Betreuungsverfügung
   - ☐ Patientenverfügung
   - ☐ Ehegattenwiderspruch

3. Aufbewahrungsort der Vorsorgeurkunde
   - ☐ bei dem Vorsorgenden
   - ☐ bei dem Bevollmächtigten / vorgeschlagenen Betreuer
   - ☐ bei einer sonstigen Person
   - ☐ bei einer Einrichtung

   Bezeichnung der Einrichtung / Firma

   Straße und Hausnummer der Einrichtung

   Postleitzahl und Ort der Einrichtung

P	* Nachname, Vorname des Vorsorgenden * Geburtsdatum des Vorsorgenden

II. Daten des Vorsorgenden

(Vollmachtgeber / Ersteller der Betreuungsverfügung / Ersteller der Patientenverfügung / Widersprechender)

1. * Anrede
   ○ Frau ○ Herr ○ keine

2. Titel
   ☐ Prof. ☐ Dr.

3. * Vorname(n)

4. * Nachname

5. Geburtsname

6. * Geburtsort

7. * Geburtsdatum

8. Land

9. * Straße

10. * Hausnummer

11. Adresszusatz

12. * Postleitzahl

13. * Ort

14. E-Mail-Adresse

15. * Zahlungsweise
    ☐ Lastschrift ☐ Überweisung

16. IBAN

17. Kontoinhaber

Hiermit ermächtige ich die Bundesnotarkammer, Gläubiger-Identifikationsnummer DE19REG00000101186, einmalig eine Zahlung von meinem oben genannten Konto mittels Lastschrift einzuziehen. Zugleich weise ich mein Kreditinstitut an, die von der Bundesnotarkammer auf mein Konto gezogene Lastschrift einzulösen. Ich kann innerhalb von acht Wochen, beginnend mit dem Belastungsdatum, die Erstattung des belasteten Betrages verlangen.

Es gelten dabei die mit meinem Kreditinstitut vereinbarten Bedingungen. Der Einzug erfolgt unter einer individuellen Mandatsreferenz, die mir mit Rechnungserstellung mitgeteilt wird.

Ort, Datum *** Unterschrift des Kontoinhabers**

* Nachname, Vorname des Vorsorgenden

* Geburtsdatum des Vorsorgenden

III. Daten des Bevollmächtigten / vorgeschlagenen Betreuers

1. * Die Vertrauensperson fungiert als (Mehrauswahl möglich)
   - ☐ Bevollmächtigter mit
     - ☐ Einzelvertretungsmacht oder
     - ☐ Gesamtvertretungsmacht
   - ☐ vorgeschlagener Betreuer
2. * Anrede
   ◯ Frau ◯ Herr ◯ keine
3. Titel
   ☐ Prof. ☐ Dr.
4. * Vorname(n)
5. * Nachname
6. Geburtsname
7. * Geburtsdatum
8. Land
9. * Straße
10. * Hausnummer
11. Adresszusatz
12. * Postleitzahl
13. * Ort
14. Telefonnummer
15. E-Mail-Adresse

Ich – der Vorsorgende – beantrage die Eintragung der vorstehenden Daten

Ort, Datum *** Unterschrift des Vorsorgenden**

Sofern in diesem Formular Personen oder Personengruppen mit der männlichen Form bezeichnet werden, sind damit gleichermaßen Personen bzw. Personengruppen aller Geschlechter gemeint. Die Vereinfachung dient lediglich der besseren Lesbarkeit.

Der Formularteil

Auf den folgenden Seiten finden Sie die im Buch erklärten und besprochenen Vollmachten und Verfügungen als Vorlagen. Für eine Verwendung können Sie die Seiten kopieren oder aus dem Buch heraustrennen und direkt benutzen. Die Eintragungen können handschriftlich vorgenommen werden.

Gerade bei der Vorsorgevollmacht ist es vorausschauend, wenn Sie mittels Kopien mehrere Exemplare anfertigen und einzeln unterschreiben. Oft muss die Vollmacht bei Behörden oder anderen Stellen im Original abgegeben werden, und da ist es von Vorteil, wenn ein zweites Exemplar vorhanden ist.

- Vorsorgevollmacht
- Bankvollmacht
- Vollmacht für Post, Internet und Telekommunikation
- Vorsorgevollmacht im Innenverhältnis
- Generalvollmacht
- Generalvollmacht im Innenverhältnis
- Betreuungsverfügung
- Patientenverfügung
- Aktualisierung der Patientenverfügung
- Ergänzung zur Patientenverfügung bei schwerer Erkrankung
- Register des Vorsorgeordners

Vorsorgevollmacht

Ich,

....

Vollmachtgeber/in: Name, Vorname

....

Geburtsdatum, Geburtsort

....

Anschrift

....

Telefon, E-Mail-Adresse

erteile hiermit Vollmacht an

....

bevollmächtigte Person: Name, Vorname

....

Geburtsdatum, Geburtsort

....

Anschrift

....

Telefon, E-Mail-Adresse

Diese Vertrauensperson wird hiermit bevollmächtigt, mich in allen Angelegenheiten zu vertreten, die ich im Folgenden angekreuzt oder ausgeführt habe. Durch diese Vollmachtserteilung soll eine vom Gericht angeordnete Betreuung vermieden werden. Die Vollmacht bleibt in Kraft, wenn ich nach ihrer Errichtung geschäftsunfähig geworden bin.

Die Vollmacht ist wirksam, solange die bevollmächtigte Person die Vollmachtsurkunde besitzt und bei Vornahme eines Rechtsgeschäfts die Urkunde im Original vorlegen kann.

1. Gesundheitssorge, Pflege und Freiheitsbeschränkung

Die bevollmächtigte Person darf mich in allen Angelegenheiten der Gesundheitssorge vertreten und Entscheidungen fällen, ebenso über alle Einzelheiten einer ambulanten oder (teil-) stationären Pflege. ○ ja ○ nein

Sie ist befugt, meinen in der Patientenverfügung festgelegten Willen durchzusetzen. ○ ja ○ nein

Eine Patientenverfügung habe ich ausgefüllt. ○ ja ○ nein

Sie darf in sämtliche Maßnahmen zur Untersuchung des Gesundheitszustandes und zur Durchführung einer Heilbehandlung einwilligen, diese ablehnen oder die Einwilligung in diese Maßnahmen widerrufen, auch wenn mit der Vornahme, dem Unterlassen oder dem Abbruch dieser Maßnahmen die Gefahr besteht, dass ich sterbe oder einen schweren oder länger dauernden gesundheitlichen Schaden erleide (§ 1829 Absatz 1 und 2 BGB). ○ ja ○ nein

....

Ort, Datum, Kürzel des Vollmachtgebers

Besteht zwischen der bevollmächtigten Person und dem behandelnden Arzt kein Einverständnis darüber, dass die Erteilung, die Nichterteilung oder der Widerruf der Einwilligung dem Willen des Vollmachtgebers entspricht, hat die bevollmächtigte Person eine Genehmigung des Betreuungsgerichts einzuholen (§ 1829 Absatz 3 und 4 BGB). O ja O nein

Sie darf Krankenunterlagen einsehen und deren Herausgabe an Dritte bewilligen. Ich entbinde alle mich behandelnden Ärzte und nichtärztliches Personal gegenüber meiner bevollmächtigten Vertrauensperson von der Schweigepflicht. O ja O nein

Sie darf meine behandelnden Ärzte gegenüber Dritten von der Schweigepflicht befreien. O ja O nein

Solange es zu meinem Wohl erforderlich ist, darf sie entscheiden

- über meine freiheitsentziehende Unterbringung (§ 1831 Absatz 1 BGB), O ja O nein
- über ärztliche Zwangsmaßnahmen im Rahmen der Unterbringung (§ 1832 Absatz 1 BGB), O ja O nein
- über freiheitsentziehende Maßnahmen (z. B. Bettgitter, Medikamente u. Ä.) in einem Heim oder in einer sonstigen Einrichtung (§ 1831 Absatz 4 BGB), O ja O nein
- über meine Verbringung zu einem stationären Aufenthalt in einem Krankenhaus, wenn eine ärztliche Zwangsmaßnahme in Betracht kommt (§ 1832 Absatz 4 BGB). O ja O nein

2. Aufenthalt und Wohnungsangelegenheiten

Sie darf meinen Aufenthalt bestimmen. O ja O nein

Sie darf Rechte und Pflichten aus dem Mietvertrag über meine Wohnung einschließlich einer Kündigung wahrnehmen und meinen Haushalt auflösen. O ja O nein

Sie darf einen neuen Wohnungsmietvertrag abschließen und kündigen. O ja O nein

Sie darf einen Vertrag nach dem Wohn- und Betreuungsvertragsgesetz (Vertrag über die Überlassung von Wohnraum mit Pflege- oder Betreuungsleistungen, ehemals: Heimvertrag) abschließen und kündigen. O ja O nein

3. Behörden- und Ämtervertretung

Sie darf mich vertreten bei:

- Behörden O ja O nein
- Versicherungen O ja O nein
- Renten- und Sozialleistungsträgern O ja O nein

Dies umfasst eine datenschutzrechtliche Einwilligung.

4. Vertretung vor Gericht und Beauftragung von Rechtsanwälten

Sie darf mich gegenüber Gerichten vertreten und Prozesshandlungen aller Art vornehmen. O ja O nein

Sie darf Rechtsanwälte zur außergerichtlichen oder gerichtlichen Klärung von Rechtsstreitigkeiten beauftragen. O ja O nein

....
Ort, Datum, Kürzel des Vollmachtgebers

5. Vermögenssorge, Banken

Sie darf mein Vermögen verwalten und hierbei alle Rechtshandlungen und Rechtsgeschäfte im In- und Ausland vornehmen, Erklärungen aller Art abgeben und entgegennehmen sowie Anträge stellen, abändern, zurücknehmen, namentlich

- über Vermögensgegenstände jeder Art verfügen. O ja O nein
- Zahlungen und Wertgegenstände annehmen. O ja O nein
- Verbindlichkeiten eingehen, wenn diese Vollmacht notariell beurkundet ist. O ja O nein
- Willenserklärungen bezüglich meiner Konten, Depots und Safes abgeben. Sie darf mich im Geschäftsverkehr mit Kreditinstituten vertreten. O ja O nein
- Schenkungen in dem Rahmen vornehmen, der einem Betreuer rechtlich gestattet ist. O ja O nein

Folgende Geschäfte soll sie nicht wahrnehmen können:

....

....

....

6. Post, Internet und Telekommunikation

Sie darf für mich bestimmte Postsendungen entgegennehmen und öffnen sowie über den Fernmeldeverkehr entscheiden. Sie darf alle hiermit zusammenhängenden Willenserklärungen (z. B. Vertragsabschlüsse, Kündigungen) abgeben. O ja O nein

Sie darf Einschreibesendungen, Zahlungsanweisungen und »eigenhändig vertrauliche« Sendungen entgegennehmen. O ja O nein

Sie ist berechtigt, meine digitalen Angelegenheiten einzusehen und zu regeln. Sie darf unabhängig vom Zugangsmedium (z. B. PC, Tablet oder Smartphone) auf meine sämtlichen Daten, insbesondere Benutzerkonten (z. B. in sozialen Netzwerken, bei E-Commerce-Anbietern, bei Zahlungsdienstleistern) zugreifen und hat das Recht zu entscheiden, ob diese Inhalte beibehalten, geändert oder gelöscht werden sollen oder dürfen. Dies beinhaltet den Zugriff auf alle Zugangsdaten wie Passwörter, Accounts, Benutzernamen, Verträge und E-Mail-Accounts. O ja O nein

Sie ist berechtigt, Mobilfunkverträge in meinem Namen zu kündigen und abzuschließen. Sie hat die Vollmacht, die Verbindungsübersicht einzusehen. O ja O nein

In diesem Zusammenhang befreie ich die Onlinedienstleister von ihrer Verschwiegenheitspflicht nach dem Telekommunikationsgesetz gegenüber meinem Bevollmächtigten und fordere diese auf, die Auskunftsansprüche zu erfüllen. O ja O nein

7. Sonstige Vertragsangelegenheiten

Sie ist befugt, alle sonstigen Verträge zu verwalten (einschließlich Abschluss, Kündigung) O ja O nein

....
Ort, Datum, Kürzel des Vollmachtgebers

8. Untervollmacht

Sie darf eine Untervollmacht erteilen. ○ ja ○ nein

9. Betreuungsverfügung

Falls trotz dieser Vollmacht eine gesetzliche Vertretung (»rechtliche Betreuung«) erforderlich sein sollte, bitte ich, die oben bezeichnete Vertrauensperson als Betreuer zu bestellen. ○ ja ○ nein

10. Geltungsdauer über den Tod hinaus

Die Vollmacht gilt über den Tod hinaus bis zum Widerruf durch die Erben. ○ ja ○ nein

11. Weitere Regelungen

....

....

....

....

....
Ort, Datum, Unterschrift der Vollmachtnehmerin/des Vollmachtnehmers

....
Ort, Datum, Unterschrift der Vollmachtgeberin/des Vollmachtgebers

....
Zeuge: Name, Vorname, Anschrift, Beruf, Bezug zum Ersteller der Vorsorgevollmacht

....
Zeuge: Name, Vorname, Anschrift, Beruf, Bezug zum Ersteller der Vorsorgevollmacht

Ich bestätige hiermit, dass der/die Verfügende die Regelung im Bewusstsein ihrer Bedeutung vorgenommen hat und dabei keine Zweifel an seiner/ihrer Geschäftsfähigkeit bestanden haben.

....
Ort, Datum, Unterschrift

Bankvollmacht

Konto-/Depot-/Schrankfachvollmacht

Konto-/Depot-/Schrankfachinhaber/Vollmachtgeber

....

Name, Vorname, Geburtsdatum, Geburtsort, Anschrift

....

Name und Anschrift der Bank/Sparkasse

Ich (nachstehend der »Vollmachtgeber« genannt) bevollmächtige den nachstehend genannten Bevollmächtigten

....

Name, Vorname (auch Geburtsname), Geburtsdatum, Geburtsort

....

Anschrift, Telefon

den Vollmachtgeber im Geschäftsverkehr mit der Bank/Sparkasse zu vertreten. Die Vollmacht gilt für alle bestehenden und künftigen Konten und Depots des Vollmachtgebers bei der vorgenannten Bank/Sparkasse und für von dem Vollmachtgeber von der Bank/Sparkasse gemietete Schrankfächer. Im Einzelnen gelten folgende Regelungen:

1. Die Vollmacht berechtigt gegenüber der Bank/Sparkasse dazu

- über das jeweilige Guthaben (zum Beispiel durch Überweisungen, Barabhebungen, Schecks) zu verfügen,
- Zahlungsaufträge und Einzugsaufträge zu erteilen, zu ändern und zu widerrufen,
- Festgeldkonten und sonstige Einlagenkonten sowie Girokonten auf Guthabenbasis einzurichten,
- eingeräumte Kredite in Anspruch zu nehmen,
- von der Möglichkeit vorübergehender Kontoüberziehungen im banküblichen Rahmen Gebrauch zu machen,
- An- und Verkäufe von Wertpapieren (mit Ausnahme von Finanztermingeschäften) und Devisen zu tätigen und die Auslieferung an sich zu verlangen,
- Abrechnungen, Kontoauszüge, Wertpapier-, Depot- und Erträgnisaufstellungen sowie sonstige die Konten/Depots und Schrankfächer betreffenden Mitteilungen und Erklärungen entgegenzunehmen und anzuerkennen,
- Freistellungsaufträge zu erteilen oder zu ändern,
- für sich Debitkarten* und Zugang zum Onlinebanking oder Telefonbanking zu beantragen sowie die entsprechende Onlinebanking- oder Telefonbanking-Vereinbarung zu ändern.

*Begriff institutsabhängig, zum Beispiel EC- bzw. Maestro-Karte oder Kundenkarte

....

Ort, Datum, Kürzel des Vollmachtgebers

2. Die Vollmacht umfasst auch den Zugang zu den von dem Vollmachtgeber von der Bank/Sparkasse gemieteten Schrankfächern.

3. Zur Erteilung von Untervollmachten ist der Bevollmächtigte nicht berechtigt.

4. Die Vollmacht kann vom Vollmachtgeber jederzeit gegenüber der Bank/Sparkasse widerrufen werden. Widerruft der Vollmachtgeber die Vollmacht gegenüber dem Bevollmächtigten, so hat der Vollmachtgeber die Bank/Sparkasse hierüber unverzüglich zu unterrichten. Der Widerruf gegenüber der Bank/Sparkasse und deren Unterrichtung sollten aus Beweisgründen möglichst schriftlich erfolgen.

5. Die Vollmacht erlischt nicht mit dem Tod des Vollmachtgebers; sie bleibt für die Erben des verstorbenen Vollmachtgebers in Kraft. Widerruft einer von mehreren Miterben die Vollmacht, so kann der Bevollmächtigte nur noch diejenigen Miterben vertreten, die seine Vollmacht nicht widerrufen haben. In diesem Fall kann der Bevollmächtigte von der Vollmacht nur noch gemeinsam mit dem Widerrufenden Gebrauch machen. Die Bank/Sparkasse kann verlangen, dass der Widerrufende sich als Erbe ausweist.

6. Zur Auflösung der Konten und Depots und zur Kündigung des Schrankfachmietvertrages ist der Bevollmächtigte erst nach dem Tode des Vollmachtgebers berechtigt; bei mehreren Konto-/Depot-/Schrankfachinhabern besteht diese Berechtigung für den von allen Konto-/Depot-/Schrankfachinhabern entsprechend bevollmächtigten Vertreter erst nach dem Tode aller Konto-/Depot-/Schrankfachinhaber.

Wichtige Hinweise für den Vollmachtgeber: Ab wann und unter welchen Voraussetzungen der Bevollmächtigte von dieser Vollmacht Gebrauch machen darf, richtet sich nach den gesondert zu treffenden Vereinbarungen zwischen dem Vollmachtgeber und dem Bevollmächtigten. Unabhängig von solchen Vereinbarungen kann der Bevollmächtigte gegenüber der Bank/Sparkasse ab dem Zeitpunkt der Ausstellung dieser Vollmacht von ihr Gebrauch machen. Die Bank/Sparkasse prüft nicht, ob der »Vorsorgefall« beim Vollmachtgeber eingetreten ist.

....

Ort, Datum, Unterschrift des Vollmachtgebers

....

Ort, Datum, Unterschrift des Bevollmächtigten = Unterschriftsprobe

Ihre Bank/Sparkasse ist gesetzlich verpflichtet, den Bevollmächtigten anhand eines gültigen Personalausweises oder Reisepasses zu identifizieren. Zur Erteilung der Konto-/Depot-/Schrankfachvollmacht suchen Sie daher bitte in Begleitung Ihres Bevollmächtigten Ihre Bank/Sparkasse auf.

Quellenhinweis: Muster für eine Kontovollmacht von der deutschen Kreditwirtschaft
Die Vorlage wurde vom Bundesministerium der Justiz und für Verbraucherschutz herausgegeben.

Vollmacht für Post, Internet, Telekommunikation

Ich,

....
Vollmachtgeber/in: Name, Vorname

....
Geburtsdatum, Geburtsort

....
Anschrift

....
Telefon, E-Mail-Adresse

erteile hiermit Vollmacht an

....
bevollmächtigte Person: Name, Vorname

....
Geburtsdatum, Geburtsort

....
Anschrift

....
Telefon, E-Mail-Adresse

Die bevollmächtigte Person darf die für mich bestimmten Postsendungen entgegennehmen und öffnen sowie über den Fernmeldeverkehr entscheiden. Sie darf alle hiermit zusammenhängenden Willenserklärungen (z. B. Vertragsabschlüsse, Kündigungen) abgeben. O ja O nein

Sie darf Einschreibesendungen, Zahlungsanweisungen und »eigenhändige, vertrauliche und persönliche« Sendungen entgegennehmen. O ja O nein

Sie ist berechtigt, meine digitalen Angelegenheiten einzusehen und zu regeln. Dies beinhaltet den Zugriff auf alle Passwörter, Accounts, Benutzernamen, Verträge und E-Mail-Accounts. O ja O nein

Sie ist berechtigt, Mobilfunkverträge in meinem Namen zu kündigen und abzuschließen. Sie hat die Vollmacht, die Verbindungsübersicht einzusehen. O ja O nein

In diesem Zusammenhang befreie ich die Onlinedienstleister von ihrer Verschwiegenheitspflicht nach dem Telekommunikationsgesetz gegenüber meinem Bevollmächtigten und fordere diese auf, die Auskunftsansprüche zu erfüllen. O ja O nein

....
Ort, Datum, Unterschrift Vollmachtgeber/in

....
Ort, Datum, Unterschrift Bevollmächtigter/in

Vorsorgevollmacht im Innenverhältnis

Nachfolgende Vereinbarung regelt die Anwendung der Vollmacht von

....
Name, Vorname, Geburtsdatum, Geburtsort

im Folgenden Vollmachtgeber genannt, vom

....
Datum der Vorsorgevollmacht

im Innenverhältnis zwischen dem Vollmachtgeber und

....
Name, Vorname, Geburtsdatum, Geburtsort

im Folgenden Bevollmächtigter genannt. Die im Außenverhältnis uneingeschränkt gültige Vollmacht darf der Bevollmächtigte nur in dem nachfolgend genannten Umfang nutzen.

1. Beginn der Vertretung

1.1 Im Falle einer vorübergehenden oder dauerhaften Entscheidungs- und Geschäftsunfähigkeit verpflichtet sich der Bevollmächtigte gegenüber dem Vollmachtgeber, von der Vollmacht allein in dessen Interesse und zu dessen Wohlergehen und nur dann Gebrauch zu machen.

1.2 Der Eintritt einer Entscheidungsunfähigkeit muss durch ein ärztliches Attest festgestellt werden. O ja O nein

Die Geschäftsunfähigkeit soll durch meinen Arzt festgestellt werden.

....
Name, Anschrift des gewünschten Arztes

1.3 Die Bestätigung der Geschäftsunfähigkeit/ Entscheidungsunfähigkeit muss im Abstand von .... Monaten wiederholt werden. O ja O nein

1.4 Auf ausdrückliche Weisung des Vollmachtgebers kann der Bevollmächtigte auch ohne eine gegebene Geschäftsunfähigkeit für den Vollmachtgeber in einer genau benannten Angelegenheit tätig werden. O ja O nein

....
Ort, Datum, Kürzel des Vollmachtgebers

2. Mehrere Bevollmächtigte

2.1 Der Bevollmächtigte

....
Name, Vorname, Geburtsdatum, Geburtsort

soll primär alle Aufgaben als Bevollmächtigter wahrnehmen. Erst wenn er nicht mehr in der Lage ist, die Vollmacht auszuüben, oder Unterstützung wünscht, soll der Bevollmächtigte

....
Name, Vorname, Geburtsdatum, Geburtsort

an seiner Stelle handeln.

2.2 Der Bevollmächtigte

....
Name, Vorname, Geburtsdatum, Geburtsort

soll sich ausschließlich um die finanziellen Angelegenheiten des Vollmachtgebers kümmern.

Der Bevollmächtigte

....
Name, Vorname, Geburtsdatum, Geburtsort

soll den Vollmachtgeber in allen persönlichen Angelegenheiten vertreten, insbesondere in Gesundheitsfragen.

Der Bevollmächtigte

....
Name, Vorname, Geburtsdatum, Geburtsort

soll den Vollmachtgeber vertreten in

....

Der Bevollmächtigte

....
Name, Vorname, Geburtsdatum, Geburtsort

soll als Kontrollperson Einblick in alle Vorgänge und Unterlagen haben

....

....
Ort, Datum, Kürzel des Vollmachtgebers

Bei Überschneidungen der Aufgaben oder Unstimmigkeiten soll abschließend der Bevollmächtigte

....
Name, Vorname, Geburtsdatum, Geburtsort

die Entscheidung treffen.

2.3 Die Bevollmächtigten sind nicht berechtigt, ihre Vollmachten gegenseitig zu widerrufen.

2.4 Eine Untervollmacht darf keinesfalls an

....

....

vergeben werden.

3. Gesundheitsangelegenheiten und Pflege

3.1 Der Bevollmächtigte muss bei Vertretung in medizinischen Angelegenheiten die Vorstellungen des Vollmachtgebers berücksichtigen. Der in der vorliegenden Patientenverfügung niedergelegte Wille ist zu beachten und muss gegenüber Ärzten und dem Pflegeheim zur Beachtung gebracht werden.

3.2 Das Einkommen und das Vermögen des Vollmachtgebers sind für die bestmögliche Pflege einzusetzen. Dafür darf der Bevollmächtigte Vermögenswerte auflösen und verkaufen.

3.3 Der Bevollmächtigte soll so lang wie möglich versuchen, dass der Vollmachtgeber sein Leben in Eigenständigkeit in seiner vertrauten Umgebung zu Hause realisieren kann.

Weitere Regelungen für die Pflege zu Hause:

....

....

....

....

3.4 Bei Bedarf soll der folgende Pflegedienst beauftragt werden:

....
Name, Anschrift, Telefon, E-Mail-Adresse

3.5 Sollte eine ambulante Pflege nicht (mehr) möglich sein, sollen die Bevollmächtigten den Vollmachtgeber möglichst in folgender Einrichtung unterbringen:

....
Name, Anschrift, Telefon, E-Mail-Adresse

....
Ort, Datum, Kürzel des Vollmachtgebers

Wünsche zur Pflegeeinrichtung wie Qualität, Ortsnähe, Kosten, Einzelzimmer:

....

....

....

4. Wohnungsangelegenheiten und Einschränkungen der persönlichen Freiheit

4.1 Bettgitter, Gurte, beruhigende Medikamente und andere beengende, die Freiheit beschränkende Maßnahmen dürfen nur kurzfristig angewandt werden, wenn es nach pflegerischen Maßstäben vorübergehend keine andere Wahl gibt.

4.2 Bei einem Umzug in ein Pflegeheim kann die Wohnung/das Haus nur aufgelöst/gekündigt werden, wenn nach .... Monaten deutlich ist, dass keine Rückkehr möglich ist.

4.3 Bei einem Umzug in das Heim können nach .... Monaten der Hausstand und das Inventar aufgelöst werden. Vor einer Verwertung sollen die wertvollen Einzelteile, Kunstgegenstände, Erinnerungsstücke und Nutzungsgegenstände verkauft oder diesen Personen als Geschenk angeboten werden:

....
Verkauf oder Geschenk an: Name, Gegenstand

....
Verkauf oder Geschenk an: Name, Gegenstand

....
Verkauf oder Geschenk an: Name, Gegenstand

....
Verkauf oder Geschenk an: Name, Gegenstand

....
Verkauf oder Geschenk an: Name, Gegenstand

4.4 Weitere Regelungen zum Hausstand und persönliche Erinnerungsstücke betreffend:

....

....

....

....

....

....
Ort, Datum, Kürzel des Vollmachtgebers

5. Finanzen und Geschenke

5.1 Der Bevollmächtigte soll aus dem Einkommen des Vollmachtgebers folgende (regelmäßige) Zahlungen und/oder Geldzuwendungen, Geschenke an folgende Personen vornehmen:

....
Betrag, Person, Grund, Häufigkeit

....
Betrag, Person, Grund, Häufigkeit

....
Betrag, Person, Grund, Häufigkeit

....
Betrag, Person, Grund, Häufigkeit

....
Betrag, Person, Grund, Häufigkeit

5.2 Der Bevollmächtigte/die Bevollmächtigten soll/en aus dem Vermögen/Einkommen des Vollmachtgebers eine regelmäßige Aufwandsentschädigung erhalten.

....
Bevollmächtigter, Grund, Betrag, Häufigkeit

....
Bevollmächtigter, Grund, Betrag, Häufigkeit

....
Bevollmächtigter, Grund, Betrag, Häufigkeit

....
Bevollmächtigter, Grund, Betrag, Häufigkeit

....
Bevollmächtigter, Grund, Betrag, Häufigkeit

6. Sonstige Regelungen und Wünsche

....

....

....

....

....

....
Ort, Datum, Kürzel des Vollmachtgebers

7. Haftungsausschluss

Der Bevollmächtigte haftet gegenüber dem Vollmachtgeber, den Erben, dem Betreuungsgericht und den Behörden nur für vorsätzliche und grob fahrlässige Handlungen sowie für grobe Missachtung der hier festgelegten Regelungen und Wünsche.

Unterschrift Vollmachtgeber

....

Name, Vorname, Geburtsdatum, Geburtsort

....

Ort, Datum, Unterschrift

Unterschrift Bevollmächtigter

....

Name, Vorname, Geburtsdatum, Geburtsort

....

Ort, Datum, Unterschrift

Unterschrift Bevollmächtigter

....

Name, Vorname, Geburtsdatum, Geburtsort

....

Ort, Datum, Unterschrift

Unterschrift Bevollmächtigter

....

Name, Vorname, Geburtsdatum, Geburtsort

....

Ort, Datum, Unterschrift

....

Ort, Datum, Kürzel des Vollmachtgebers

Generalvollmacht

Im Vollbesitz meiner geistigen Fähigkeiten setze ich

....
Vollmachtgeber/in: Name, Vorname

....
Geburtsdatum, Geburtsort

....
Anschrift

....
Telefon, E-Mail-Adresse

Frau/Herrn

....
Bevollmächtigter: Name, Vorname

....
Geburtsdatum, Geburtsort

....
Anschrift

....
Telefon, E-Mail-Adresse

zu meinem Bevollmächtigten ein.

Die Bevollmächtigung erfolgt zur Vermeidung einer möglicherweise anzuordnenden gerichtlichen Betreuung.

Die Vollmacht ist wirksam, solange die bevollmächtigte Person die Vollmachtsurkunde besitzt und bei Vornahme eines Rechtsgeschäfts die Urkunde im Original vorlegen kann. Diese Vollmacht gilt über meinen Todesfall hinaus.

Der Bevollmächtigte ist damit berechtigt, auch nach meinem Tode die umfassende Vermögensverwaltung zu übernehmen – bis zum Abschluss einer Testamentsvollstreckung.

Diese Bevollmächtigung gilt auch für Bankgeschäfte jeglicher Art. Mit den jeweiligen Kreditinstituten haben wir eine umfassende Bankvollmacht vereinbart.

....
Ort, Datum, Unterschrift des Vollmachtgebers

....
Ort, Datum, Unterschrift des Bevollmächtigten

....
Beglaubigung der Unterschrift durch den Notar

Regelung des Innenverhältnisses der Generalvollmacht zwischen Vollmachtgeber und Bevollmächtigtem

Nachfolgende Vereinbarung regelt die Anwendung der Vollmacht von

....
Name, Vorname, Geburtsdatum

im Folgenden Vollmachtgeber genannt, vom ....
Datum der Vorsorgevollmacht

im Innenverhältnis zwischen dem Vollmachtgeber und dem/der Bevollmächtigten

....
Name, Vorname, Geburtsdatum

im Folgenden Bevollmächtigter genannt.

Die im Außenverhältnis uneingeschränkt gültige Vollmacht darf der Bevollmächtigte nur in dem nachfolgend genannten Umfang nutzen:

1. Beginn der Vertretung

1.1 Im Falle einer vorübergehenden oder dauerhaften Entscheidungs- und Geschäftsunfähigkeit verpflichtet sich der Bevollmächtigte gegenüber dem Vollmachtgeber, von der Vollmacht allein in dessen Interesse und zu dessen Wohlergehen und nur dann Gebrauch zu machen.

1.2 Der Eintritt einer Entscheidungsunfähigkeit muss durch ein ärztliches Attest festgestellt werden.

2. Weitere Regelungen

....

....

....

....

....
Ort, Datum, Unterschrift des Vollmachtgebers

....
Ort, Datum, Unterschrift des Bevollmächtigten

Betreuungsverfügung

Ich,

....
Name, Vorname

....
Geburtsdatum, Geburtsort

....
Anschrift

....
Telefon, E-Mail-Adresse

lege hiermit für den Fall, dass ich infolge von Krankheit, Behinderung, Unfall oder anderer Umständen meine Angelegenheiten ganz oder teilweise nicht mehr selbst besorgen kann und deshalb ein Betreuer für mich bestellt werden muss, Folgendes fest:

Zu meinem Betreuer/meiner Betreuerin soll bestellt werden:

1. Betreuer/in

....
Name, Vorname, Geburtsdatum, Geburtsort

....
Anschrift

....
Telefon, E-Mail-Adresse

2. Betreuer/in

....
Name, Vorname, Geburtsdatum, Geburtsort

....
Anschrift

....
Telefon, E-Mail-Adresse

Falls die gewünschte Person nicht zum Betreuer oder zur Betreuerin bestellt werden kann, soll folgende Person bestellt werden:

1. Betreuer/in

....
Name, Vorname, Geburtsdatum, Geburtsort

....
Anschrift

....
Telefon, E-Mail-Adresse

....
Ort, Datum, Kürzel des Vollmachtgebers

2. Betreuer/in

....

Name, Vorname, Geburtsdatum, Geburtsort

....

Anschrift

....

Telefon, E-Mail-Adresse

Auf keinen Fall soll zum Betreuer/zur Betreuerin bestellt werden:

1. Person

....

Name, Vorname, Geburtsdatum, Geburtsort

....

Anschrift

2. Person

....

Name, Vorname, Geburtsdatum, Geburtsort

....

Anschrift

O Ich habe eine Patientenverfügung verfasst, die sich an folgendem Ort befindet:

....

O Ich habe eine Vorsorgevollmacht erstellt, die sich an folgendem Ort befindet:

....

Der Betreuer/die Betreuerin müssen dafür sorgen, dass meine Patientenverfügung und Vorsorgevollmacht entsprechend umgesetzt werden. Insbesondere habe ich folgende Wünsche:

1. Wünsche zu Gesundheit und Pflege

....

....

....

....

Ort, Datum, Kürzel des Vollmachtgebers

2. Verwendung von Vermögenswerten

....

....

....

3. Regelung zum Aufenthalt

....

....

....

4. Sonstige Wünsche

....

....

....

Die obigen Angaben habe ich im Vollbesitz meiner geistigen Kräfte verfügt.

....
Ort, Datum, Unterschrift

Zeuge/Zeugin

....
Name, Vorname

....
Anschrift

....
Beruf, Bezug zum Ersteller der Betreuungsverfügung

....
Telefon, E-Mail-Adresse

Ich bestätige hiermit, dass der/die Verfügende die Regelung im Bewusstsein ihrer Bedeutung vorgenommen hat und dabei keine Zweifel an seiner/ihrer Geschäftsfähigkeit bestanden haben.

....
Ort, Datum, Unterschrift

....
Ort, Datum, Kürzel des Vollmachtgebers

Patientenverfügung

Eingangsformel (Personalien)

Ich,

....
Name, Vorname

....
Geburtsdatum, Geburtsort

....
Anschrift

....
Telefon, E-Mail-Adresse

bestimme für den Fall, dass ich meinen Willen nicht mehr bilden oder verständlich äußern kann, Folgendes:

Situationen, für die diese Verfügung gelten soll

○ **im unmittelbaren Sterbeprozess.** Die Lebenskraft nimmt innerhalb kurzer Zeit schnell ab, die Kommunikation verläuft nur noch schwer oder gar nicht mehr. Ich befinde mich aller Wahrscheinlichkeit nach unabwendbar im unmittelbaren Sterbeprozess.

○ **im Endstadium einer lebensbedrohenden und tödlich verlaufenden Erkrankung.** Der kommende Tod scheint unaufhaltsam, auch wenn dieser noch nicht absehbar ist. Ein Organversagen bahnt sich an, oder die Therapie hat versagt oder wurde wegen der Nebenwirkungen abgebrochen.

○ **schwere Gehirnschädigung.** (sowohl direkt durch Unfall, Schlaganfall, Entzündung als auch indirekt durch Sauerstoffunterversorgung des Gehirns nach Herzstillstand, Wiederbelebung, Schock, Lungenversagen). Meine Fähigkeit, Einsichten zu gewinnen, Entscheidungen zu treffen und mit anderen Menschen in Kontakt zu treten, ist nach Einschätzung zweier erfahrener Ärztinnen oder Ärzte (können im Folgenden namentlich benannt werden) aller Wahrscheinlichkeit nach unwiederbringlich erloschen, selbst wenn der Todeszeitpunkt noch nicht absehbar ist.

....

....

Es ist mit bewusst, dass in solchen Situationen die Fähigkeit zu Empfindungen erhalten ist und dass ein Aufwachen aus diesem Zustand nicht ganz sicher auszuschließen, aber unwahrscheinlich ist. In seltenen Fällen können sich bei Wachkomapatienten nach mehreren Jahren noch günstige Entwicklungen einstellen.

○ **weit fortgeschrittener Gehirnabbauprozess (z. B. bei Demenz).** Es ist mir bewusst, dass im Verlauf der Erkrankung die Patienten zunehmend unfähiger werden, Einsichten zu gewinnen und mit ihrer Umwelt verbal zu kommunizieren, während die Fähigkeit zu Empfindungen erhalten bleibt. Im Spätstadium erkennt der Kranke selbst nahe Angehörige nicht mehr und ist schließlich auch nicht mehr in der Lage, trotz Hilfestellung Nahrung und Flüssigkeit auf natürliche Weise zu sich zu nehmen. Die sozialen Fähigkeiten sind erloschen.

....
Ort, Datum, Kürzel des Vollmachtgebers

○ schwere, langfristige Pflegebedürftigkeit. Essen und Trinken sind auch mit Unterstützung nicht mehr möglich. Eine Magensonde und ein Flüssigkeitstropf sind unumgänglich zur Erhaltung grundsätzlicher Lebensfunktionen.

○ andere lebensgefährdende vergleichbare medizinische Situationen, die mit einer Einwilligungsunfähigkeit einhergehen:

....

....

Festlegungen zu Einleitung, Umfang oder Beendigung bestimmter ärztlicher Maßnahmen

Lebenserhaltende Maßnahmen

In den oben genannten und hier beschriebenen Situationen:

○ Sterbeprozess ○ Endphase einer tödlich verlaufenden Erkrankung

○ Gehirnschädigung ○ Demenz ○ schwere Pflegebedürftigkeit ○ andere Situation:

....

....

wünsche ich,

○ dass alles medizinisch Mögliche und Sinnvolle getan wird, um mich am Leben zu erhalten,

....

oder

○ dass alle lebenserhaltenden Maßnahmen, die zum Zweck der Lebenserhaltung bzw. Lebensverlängerung eingesetzt werden und nicht ausschließlich der Linderung von Leiden dienen, unterlassen werden.

Schmerz- und Symptombehandlung

In den oben genannten und hier beschriebenen Situationen:

○ Sterbeprozess ○ Endphase einer tödlich verlaufenden Erkrankung

○ Gehirnschädigung ○ Demenz ○ schwere Pflegebedürftigkeit ○ andere Situation:

....

....

wünsche ich im Speziellen Medikamente zur wirksamen Linderung von Schmerzen, Atemnot, Übelkeit, Angst, Unruhe, Erbrechen und anderen belastenden Symptomen,

○ aber ohne bewusstseinsdämpfende Wirkungen,

....
Ort, Datum, Kürzel des Vollmachtgebers

oder

O wenn alle sonstigen medizinischen Möglichkeiten zur Schmerz- und Symptomkontrolle versagen, auch Mittel mit bewusstseinsdämpfenden Wirkungen zur Beschwerdelinderung.

O Die unwahrscheinliche Möglichkeit einer ungewollten Verkürzung meiner Lebenszeit durch schmerz- und symptomlindernde Maßnahmen nehme ich in Kauf.

Künstliche Ernährung und Flüssigkeitszufuhr

Das Stillen von Hunger und Durst als subjektive Empfindungen gehört zu jeder lindernden Therapie. Viele schwer kranke Menschen haben allerdings kein Hungergefühl; dies gilt praktisch ausnahmslos für Sterbende und wahrscheinlich auch für Wachkomapatientinnen oder -patienten. Das Durstgefühl ist bei Schwerkranken zwar länger als das Hungergefühl vorhanden, aber künstliche Flüssigkeitsgabe hat nur sehr begrenzten Einfluss darauf.

In den oben genannten und hier beschriebenen Situationen:

O Sterbeprozess O Endphase einer tödlich verlaufenden Erkrankung

O Gehirnschädigung O Demenz O schwere Pflegebedürftigkeit O andere Situation:

....

....

wünsche ich,

O dass eine künstliche Ernährung und Flüssigkeitszufuhr begonnen oder weitergeführt werden, wenn damit mein Leben verlängert werden kann,

oder

O dass eine künstliche Ernährung und/oder eine künstliche Flüssigkeitszufuhr und eine Mundpflege und ähnliche Maßnahmen zur Stillung des Durstgefühls erfolgen soll, im Sinne einer palliativmedizinischen Indikation, die immer das Ziel der Beschwerdelinderung und nicht das Ziel der Lebensverlängerung voraussetzt,

oder

O dass keine künstliche Ernährung, unabhängig von der Form der künstlichen Zuführung der Nahrung (z. B. Magensonde durch Mund, Nase oder Bauchdecke, venöse Zugänge), und keine künstliche Flüssigkeitszufuhr erfolgen.

Wiederbelebung

Viele medizinische Maßnahmen können sowohl Leiden vermindern als auch Leben verlängern. Das hängt von der jeweiligen Situation ab. Wiederbelebungsmaßnahmen sind nicht leidensmindernd, sondern dienen der Lebenserhaltung. Gelegentlich kann es im Rahmen von geplanten medizinischen Eingriffen (z. B. Operationen) zu kurzfristigen Problemen kommen, die sich durch Wiederbelebungsmaßnahmen ohne Folgeschäden beheben lassen.

....

Ort, Datum, Kürzel des Vollmachtgebers

In den oben genannten und hier beschriebenen Situationen:

O Sterbeprozess O Endphase einer tödlich verlaufenden Erkrankung

O Gehirnschädigung O Demenz O schwere Pflegebedürftigkeit O andere Situation:

....

....

wünsche ich

O Versuche der Wiederbelebung

oder

O die Unterlassung von Versuchen der Wiederbelebung.

O dass kein Notarzt verständigt wird bzw. im Fall einer Hinzuziehung unverzüglich über meine Ablehnung von Wiederbelebungsmaßnahmen informiert wird.

Nicht nur in den oben beschriebenen Situationen, sondern in allen Fällen eines Kreislaufstillstands oder Atemversagens

O lehne ich Wiederbelebungsmaßnahmen ab

oder

O lehne ich Wiederbelebungsmaßnahmen ab, sofern diese Situationen nicht im Rahmen ärztlicher Maßnahmen (z. B. Operationen) unerwartet eintreten.

Künstliche Beatmung

In den oben genannten und hier beschriebenen Situationen:

O Sterbeprozess O Endphase einer tödlich verlaufenden Erkrankung

O Gehirnschädigung O Demenz O schwere Pflegebedürftigkeit O andere Situation:

....

....

wünsche ich

O eine künstliche Beatmung, falls dies mein Leben verlängern kann,

oder

O dass keine künstliche Beatmung durchgeführt bzw. eine schon eingeleitete Beatmung eingestellt wird, unter der Voraussetzung, dass ich Medikamente zur Linderung der Luftnot erhalte. Die Möglichkeit einer Bewusstseinsdämpfung oder einer ungewollten Verkürzung meiner Lebenszeit durch diese Medikamente nehme ich in Kauf.

....

Ort, Datum, Kürzel des Vollmachtgebers

Dialyse

In den oben genannten und hier beschriebenen Situationen:

O Sterbeprozess O Endphase einer tödlich verlaufenden Erkrankung

O Gehirnschädigung O Demenz O schwere Pflegebedürftigkeit O andere Situation:

....

....

wünsche ich

O eine künstliche Blutwäsche (Dialyse), falls dies mein Leben verlängern kann,

oder

O dass keine Dialyse durchgeführt bzw. eine schon eingeleitete Dialyse eingestellt wird.

Antibiotika

In den oben genannten und hier beschriebenen Situationen:

O Sterbeprozess O Endphase einer tödlich verlaufenden Erkrankung

O Gehirnschädigung O Demenz O schwere Pflegebedürftigkeit O andere Situation:

....

....

wünsche ich

O Antibiotika, falls dies mein Leben verlängern kann,

oder

O Antibiotika bei palliativmedizinischer Absicht nur zur Beschwerdelinderung und Aufrechterhaltung der Lebensqualität

oder

O keine Antibiotika.

Blut/Blutbestandteile

In den oben genannten und hier beschriebenen Situationen:

O Sterbeprozess O Endphase einer tödlich verlaufenden Erkrankung

O Gehirnschädigung O Demenz O schwere Pflegebedürftigkeit O andere Situation:

....

....

....

Ort, Datum, Kürzel des Vollmachtgebers

wünsche ich

O die Gabe von Blut oder Blutbestandteilen, falls dies mein Leben verlängern kann,

oder

O die Gabe von Blut oder Blutbestandteilen nur zur Beschwerdelinderung

oder

O keine Gabe von Blut oder Blutbestandteilen.

Wünsche zu Ort und Begleitung

Ich möchte

O zum Sterben ins Krankenhaus verlegt werden

oder

O wenn möglich zu Hause bzw. in vertrauter Umgebung sterben

oder

O wenn möglich in einem Hospiz sterben.

Ich wünsche mir

O Beistand durch folgende Personen:

....

....

O Beistand durch eine Vertreterin oder einen Vertreter folgender Kirche oder Weltanschauungsgemeinschaft:

....

....

O Beistand durch einen überkonfessionellen Sterbehelfer.

....

....

Kommunikation und Aufhebung der ärztlichen Schweigepflicht

O Ich entbinde meine Ärzte von der Schweigepflicht gegenüber diesen Personen:

....

....

....

Ort, Datum, Kürzel des Vollmachtgebers

○ Falls der Zeitpunkt meines Todes absehbar ist, möchte ich mich von meinen Angehörigen und Freunden verabschieden. Ich bitte, diese Personen zu benachrichtigen:

....

....

....

Aussagen zur Verbindlichkeit, zur Auslegung und Durchsetzung und zum Widerruf der Patientenverfügung

○ Der in meiner Patientenverfügung geäußerte Wille zu bestimmten ärztlichen und pflegerischen Maßnahmen soll von den behandelnden Ärztinnen und Ärzten und dem Behandlungsteam befolgt werden. Mein(e) Vertreter(in) soll dafür Sorge tragen, dass mein Patientenwille durchgesetzt wird.

○ In Lebens- und Behandlungssituationen, die in dieser Patientenverfügung nicht konkret geregelt sind, ist mein mutmaßlicher Wille möglichst im Konsens aller Beteiligten zu ermitteln. Dafür soll diese Patientenverfügung als Richtschnur maßgeblich sein. Bei unterschiedlichen Meinungen über anzuwendende oder zu unterlassende ärztliche/pflegerische Maßnahmen soll der Auffassung folgender Person besondere Bedeutung zukommen:

○ meiner/meinem Bevollmächtigten ○ meiner Betreuerin/meinem Betreuer

○ der behandelnden Ärztin/dem behandelnden Arzt ○ dieser Person:

....

○ Wenn die behandelnden Ärztinnen und Ärzte und meine Bevollmächtigten oder Betreuer aufgrund meiner Gesten, Blicke oder anderer Äußerungen die Auffassung vertreten, dass ich entgegen den Festlegungen in meiner Patientenverfügung doch behandelt oder nicht behandelt werden möchte, dann ist möglichst im Konsens aller Beteiligten zu ermitteln, ob die Festlegungen in meiner Patientenverfügung noch meinem aktuellen Willen entsprechen. Bei unterschiedlichen Meinungen soll in diesen Fällen der Auffassung folgender Person(en) besondere Bedeutung zukommen:

○ meiner/meinem Bevollmächtigten ○ meiner Betreuerin/meinem Betreuer

○ der behandelnden Ärztin/dem behandelnden Arzt ○ dieser Person:

....

Hinweise auf weitere Vorsorgeverfügungen

○ Ich habe zusätzlich zur Patientenverfügung eine Vorsorgevollmacht für Gesundheitsangelegenheiten erteilt und den Inhalt dieser Patientenverfügung mit der von mir bevollmächtigten Person besprochen:

....
Name, Anschrift, Telefon, E-Mail-Adresse

....
Ort, Datum, Kürzel des Vollmachtgebers

○ Ich habe eine Betreuungsverfügung zur Auswahl der Betreuerin oder des Betreuers erstellt und den Inhalt dieser Patientenverfügung mit der Betreuerin oder dem Betreuer besprochen.

....

Name, Anschrift, Telefon, E-Mail-Adresse

Hinweis auf beigefügte Erläuterungen zur Patientenverfügung

○ Zum Verständnis meiner Wertevorstellungen habe ich einen Anhang beigefügt.

Organspende

○ Ich stimme einer Entnahme meiner Organe nach meinem Tod zu Transplantationszwecken zu.

○ Ich habe einen Organspendeausweis ausgefüllt.

○ Ich habe eine Willenserklärung im www.organspende-register.de abgegeben.

Komme ich nach ärztlicher Beurteilung bei einem sich abzeichnenden Hirntod als Organspender in Betracht und müssen dafür ärztliche Maßnahmen durchgeführt werden, die ich in meiner Patientenverfügung ausgeschlossen habe, dann

○ geht die von mir erklärte Bereitschaft zur Organspende vor.

○ gehen die Bestimmungen in meiner Patientenverfügung vor.

Oder:

○ Ich lehne eine Entnahme meiner Organe nach meinem Tod zu Transplantationszwecken ab.

Schlussformel

○ Soweit ich bestimmte Behandlungen wünsche oder ablehne, verzichte ich ausdrücklich auf eine weitere ärztliche Aufklärung.

Mir ist bewusst, dass die Schlussformel dazu dient, darauf hinzuweisen, dass die Erstellerin oder der Ersteller der Patientenverfügung unter den beschriebenen Umständen keine weitere ärztliche Aufklärung wünscht. Diese Aussage ist besonders wichtig, da bestimmte ärztliche Eingriffe nur dann wirksam vorgenommen werden dürfen, wenn ein Arzt den Patienten vorher hinreichend über die medizinische Bedeutung und Tragweite der geplanten Maßnahmen, alternative Behandlungsmöglichkeiten und Konsequenzen eines Verzichts aufgeklärt hat. Einer ärztlichen Aufklärung bedarf es nicht, wenn der einwilligungsfähige Patient auf eine ärztliche Aufklärung verzichtet hat. Aus der Patientenverfügung sollte sich ergeben, ob diese Voraussetzungen erfüllt sind.

Schlussbemerkungen

○ Ich habe diese Verfügung nach sorgfältiger Überlegung erstellt. Sie ist Ausdruck meines Selbstbestimmungsrechts.

○ Ich weiß, dass ich die Patientenverfügung jederzeit abändern oder insgesamt widerrufen kann, solange ich einwilligungsfähig bin.

○ Ich bin mir des Inhalts und der Konsequenzen meiner darin getroffenen Entscheidungen bewusst.

○ Ich habe die Patientenverfügung in eigener Verantwortung und ohne äußeren Druck erstellt.

○ Ich bin im Vollbesitz meiner geistigen Kräfte.

....

Ort, Datum, Unterschrift

....

Ort, Datum, Kürzel des Vollmachtgebers

Information und Beratung

Ich habe mich vor der Erstellung dieser Patientenverfügung beraten lassen durch

....

Ärztliche Aufklärung

Der Arzt meines Vertrauens/mein Hausarzt ist

....
Titel, Vorname, Name

....
Anschrift

....
Telefon, E-Mail-Adresse

Bescheinigung der ärztlichen Aufklärung

Herr/Frau

....
Name, Vorname

wurde von mir bezüglich der möglichen Folgen dieser Patientenverfügung aufgeklärt.

....
Datum, Unterschrift, Stempel der Ärztin/des Arztes

Bestätigung der Einwilligungsfähigkeit durch Arzt oder Notar

Die Einwilligungsfähigkeit kann durch einen Arzt oder auch Notar bestätigt werden.
Dies ist aber nicht notwendig.

Hiermit bestätige ich

....
Name, Vorname

dass Herr/Frau

....
Name, Vorname

sich über den Inhalt der Patientenverfügung und deren Konsequenzen bewusst ist.
Er/sie ist in vollem Umfang einwilligungsfähig.

....
Ort, Datum, Unterschrift

....
Ort, Datum, Kürzel des Vollmachtgebers

Aktualisierung der Patientenverfügung

○ Diese Patientenverfügung gilt so lange, bis ich sie widerrufe.

○ Diese Patientenverfügung soll ihre Gültigkeit verlieren, es sei denn, dass ich sie durch meine Unterschrift erneut bekräftige

○ nach Ablauf von bzw. ○ ab dem

....

Gültigkeitsintervall bzw. Ablaufdatum

....

Ort, Datum, Unterschrift

Um meinen in der Patientenverfügung niedergelegten Willen zu bekräftigen, bestätige ich diesen nachstehend

○ in vollem Umfang.

○ mit folgenden Änderungen:

....

....

....

....

Ort, Datum, Unterschrift, Bemerkung

Regelmäßige Aktualisierung

Die Glaubwürdigkeit der Aussagen und Festlegungen in dieser Verfügung werden regelmäßig durch eine datierte Unterschrift bestätigt und in ihrer Aussagekraft durch gegenwärtige Erfahrungen und Lebensumstände ergänzt. Hinweise auf Gespräche mit dem Hausarzt, gerade bei Veränderungen des Gesundheitszustandes, oder mit der Familie und anderen Vertrauenspersonen können im Notfall mit einbezogen werden.

....

....

....

....

Ort, Datum, Unterschrift, Bemerkung

Ergänzung zur Patientenverfügung bei schwerer Erkrankung

Eingangsformel (Personalien)

....
Name, Vorname

....
Geburtsdatum, Geburtsort

....
Anschrift

....
Telefon, E-Mail-Adresse

Krankheitsgeschichte und Diagnose

....

....

....

....

Beiliegend dazu der Arztbrief/der Bericht der Klinik

....

....

....

....

Mir ist jetzt wichtig

Meine Erkrankung ist zum gegenwärtigen Stand nicht mehr heilbar, und der Tod ist unausweichlich. Sollte ich nicht mehr in der Lage sein, Entscheidungen über meine Behandlung zu treffen, und eine lebensbedrohliche kritische Situation tritt ein, so wünsche ich:

O eine Einweisung in das Krankenhaus

....
Name, Anschrift

O Therapeutische und diagnostische Maßnahmen oder eine Einweisung in ein Krankenhaus sollen nur dann erfolgen, wenn sie einer besseren Beschwerdelinderung dienen und diese ambulant nicht durchgeführt werden kann.

O Ich möchte zu Hause sterben.

O Sollte dies nicht möglich sein, möchte ich in die Pflegeeinrichtung/Klinik, Station

....

Name, Anschrift

O Ich habe mir zu der Situation, sterben zu müssen, Gedanken gemacht. Dies möchte ich hier mit diesen Worten an meine Ärzte und meine Angehörigen und Freunde, die mich begleiten, ausdrücken:

....

....

O Ich wünsche den Beistand meiner Kirche/Glaubensgemeinschaft in Person von

....

Name, Vorname, Geburtsdatum, Geburtsort

....

Anschrift

....

Telefon, E-Mail-Adresse

O Ich wünsche die Unterstützung durch einen Hospiz- oder Palliativdienst in Person von

....

Name, Vorname, Geburtsdatum, Geburtsort

....

Anschrift

....

Telefon, E-Mail-Adresse

Momentane Medikation

Die aktuelle Medikation, Indikation und Dosierung bereitliegender Notfallmedikamente ist

O auf einem gesonderten Blatt notiert.

O aus dem Bericht der Klinik, des Arztbriefes zu entnehmen.

Name und Anschrift des behandelnden Arztes/des Palliativmediziners

....

Name, Vorname

....

Anschrift, Telefon, E-Mail-Adresse

Notfallplan zur Ergänzung der Patientenverfügung bei schwerer Erkrankung

Diesen Notfallplan habe ich zusammen mit meinem behandelnden Arzt/Palliativmediziner ausgefüllt.

Mögliche Komplikation und Situationen	Vom Patienten gewünschte Behandlung

Name und Anschrift des behandelnden Arztes/Palliativmediziners

....
Name, Vorname

....
Anschrift

....
Telefon, E-Mail-Adresse

....
Ort, Datum, Unterschrift

Unterschrift des Patienten/der Patientin

....
Ort, Datum, Unterschrift

Zuletzt geändert am

....
Ort, Datum, Unterschrift des behandelnden Arztes/Palliativmediziners

....
Ort, Datum, Unterschrift des Patienten/der Patientin

Register des Vorsorgeordners

- **Vorsorgevollmacht und andere Verfügungen,** Regelung der letzten Dinge: Hinweis auf Ablageort des Testaments und Kopie des Testaments
- **Persönliche Angaben für den Notfall,** Adressen von Angehörigen und Bevollmächtigten, Telefonnummern. Digitale Identität: Hinweis auf Struktur im Computer. Hinweis auf Kennwörter und Masterkennwort, Onlineverträge
- **Persönliche Dokumente:** Familienbuch, Geburtsurkunden, Eheurkunde, Ehevertrag, persönliche Erinnerungen und Adresslisten
- **Vermögensunterlagen:** Bankunterlagen und Zugangsberechtigungen, Depot, Bausparvertrag, Bankvollmachten
- **Immobilien und Wohnen:** Mietvertrag, Versorgungsverträge, Kaufvertrag für Immobilien, Notarurkunden, Grundbuchauszug, Hypotheken
- **Versicherungen:** Lebensversicherung, Risikolebensversicherung, Haftpflicht, Rechtsschutz, Berufsunfähigkeit
- **Gesundheitsangelegenheiten:** Krankenversicherung, Krankenzusatzversicherung, private Krankenversicherung, Pflegeversicherung, Pflegestufe, Adressen Ärzte, Arztbriefe, Medikamentenliste
- **Arbeit:** Arbeitsverträge, Sozialversicherungsbelege, Rentenversicherung, Betriebsrente, Riesterrente, Rürup-Rente, Arbeitslosenversicherung
- **Verträge:** Leasing, Mobiltelefon, Internet, Kabel-TV
- **Steuern und Finanzamt:** Steuerbescheide, Steuerunterlagen geordnet nach Steuerjahren, Adresse Steuerberater, Steuerhilfeverein
- **Auto:** Kfz-Brief, Kopie Fahrzeugschein, Steuer, Servicerechnungen, Kfz-Versicherung, Leasingverträge
- **Kinder:** Elterngeld, Kindergeld, Geburtsurkunden, Zeugnisse